実録 暴力団お断り！

断る勇気がホテルを守る

根本弘史
Nemoto Kouji

風詠社

●この本は、暴力団関係者がやってきては困るホテル、飲食店施設、レジャー施設、スポーツ競技場などにとっては、必ず役に立ちます。

●また、この本に書かれている内容を実行すれば、暴力団関係者がホテルにやってこなくなり、お客様の安心安全をより一層守ることができます。

●偶然、この本を手に取ったあなたは、読んでいるうちに少々衝撃を受けるかもしれませんが、「安心安全なホテル」を探す際のヒントを得ることでしょう。

はじめに

暴力団からホテルを守る

浅草の浅草寺や仲見世界隈を歩くと、たくさんの外国人観光客に出会います。

特に土曜、日曜、祝日は、前に進むのにも苦労するほど、外国人を含め大勢の観光客で賑わっています。

私が浅草警察署に勤めていた平成二二年頃と比べると、外国人観光客は倍増したように感じます。

海外から日本へ来る人の目的は、家電製品や化粧品の買い付けに来る人、日本のアニメやゲームに惹かれて来る人、和食を味わいに来る人、観光目的で来る人など様々です。それでも、日本に目を向けてもらえるということは、喜ばしいことだと思います。

ビザに対する政府の緩和措置の影響もあり、今後も外国人観光客は増え続けることでしょう。

また、二〇二〇年に開催される東京オリンピック・パラリンピックには、観光を兼ねた観戦目的の外国人も大勢来日します。旅行業界や観光業界などにとっては、願ってもないことだと思います。

それはホテル業界にとっても同じことで、利益を上げるための絶好の機会となるでしょう。

さらに政府は、二〇二〇年に訪日外国人旅行客数を四千万人に増加させる目標を掲げています。そのため宿泊施設不足が予想されており、現在、三大都市圏を中心にホテル等宿泊施設の建設ラッシュが続いています。そうなると、今後ホテル間での競争が一段と激しくなりますので、各ホテルではお客様を呼び寄せるために、新しい商品の開発やホテル内外の改装、改善など様々な努力をしていることでしょう。

私はホテル業に関して全くの素人ですが、お客様がホテルに対して一番に求めるものは「滞在中は、安心安全に過ごせること」であると思います。

その中には、「安心して食べられる美味しい食事」「きれいで快適な客室」「言葉づかいや接客態度など、ホテル従業員からの心地良いサービス」なども含まれるでしょう。

これらのことは当然のことなので、ホテルとしても従業員に対しては、折を見て様々な教育をしています。

例えば「食の安心安全」を提供するために、手洗い、消毒の励行、食材の吟味と管理の徹底などを指導しているでしょう。定期的に衛生講習や応対マナーに関する講習も行っているはずです。

また、地震や火災が発生した場合に、お客様の身の安全を守るために震災訓練や自衛消防訓練、救護活動訓練も実施しているはずです。

しかし、それだけではお客様の安心安全を守れない場合もあります。

ホテルには、宿泊客を含め様々な人が出入りします。その全ての人が善良なお客様であるとは限りません。中には、ホテルの客室を犯罪場所に利用する者もいます。薬物使用のため客室を利用し、幻覚症状が出て暴れる者がいるかもしれません。

また、振り込め詐欺グループが、客室を掛け子の部屋として使用していると聞いたこともあります。

さらに、昨今の社会現象に照らせば、突然刃物などの凶器を持った者が乱入してくることも考えられます。当然、暴力団関係者もホテルを利用するでしょう。

そうなると、お客様が暴力団の抗争に巻き込まれるかもしれないのです。

後で詳しく述べますが、過去にはホテルのラウンジでお客様が暴力団の抗争に巻き込まれ、けん銃の流れ弾が当たって死亡した事件も発生しています。

このような歓迎できない者たちからお客様の安心安全を守るために、ホテルはどのような対策を取っているのでしょうか。

ほとんどのホテルでは、これと言った有効な対策が取られていないのではないかと思います。

なぜでしょうか。それは従業員が「ホテルに入ってくる人は全て善良なお客様」と考え、そのように応対することが身についているからかもしれません。

また、お客様を見て「この人は不法な目的で入ってきた人である」とか「この人は暴力団関係者である」などということを見分けられないからでしょう。

しかし、本当にお客様の安心安全を考えるのであれば、ホテルとして実行できる対策を積極的に取らなければならないと思います。

ホテルとして歓迎できない人たちの全てを排除することは無理かもしれません。しかし、暴力団関係者については努力次第で確実に排除できます。

現在、暴力団排除活動（以降、「暴排」と表記することもあります）については、社会全体で取り組んでいるところであり、ホテル業界においても地域によっては「暴力団排除連絡協議会」を立ち上げて排除対策に取り組んでいます。

しかし、実際に具体的対策を取っているかというと、各ホテルによってかなりの温度差があるように思われます。

ホテルの出入口に「暴力団関係者のご利用は固くお断りします」と排除の意思を打ち出しているホテルもあれば、何の表示もしていないホテルもあります。どのような排除対策を取ればよいのか迷っているのかもしれません。

そこで、浅草にある「ホテル　ソリドール浅草」（以降、ソリドール浅草と表記）でかつて私が取り組んできた暴力団排除活動を知ってもらうことで、ホテル関係者をはじめとして暴力団関係者を排除したいと思っている方々のお役に立てればと思い、本書を執筆することにしました。

私的な意見も含まれていますが、決して難しい内容ではありません。

内容は、大きく分けて「暴力団関係者に対して声かけをした実例」と「実例を交えた排除対策」などについてです。この本を読んでそれらを実行していただければ、必ず暴力団関係者はホテルに来なくなります。

なぜ、そう言えるのかというと、ソリドール浅草において、この対策を取り入れた結果、ある時期から暴力団関係者が全く来なくなったからです。

ホテル内でお客様が暴力団のトラブルに巻き込まれるようなことがあってから対策を取っても遅いのです。

是非、この対策を参考にしてお客様の安心安全を守ってほしいと思います。

※本書に登場するホテル・人物・通り等の名称は、一部を除いて全て仮名です。実際に経験したことに基づいて書いてありますが、プライバシー等に配慮し、一部事実と異なる点もありますのでご了承下さい。

目次

具体的対策　131

序章

「暴力団お断り」と言う前に

なぜ暴力団を排除しなければならないのか

現在、地域によってはホテル業界も「暴力団排除連絡協議会」等を立ち上げ、暴排活動に取り組んでいます。

しかし「暴力団対策法」施行以前においては、ほとんどのホテルが暴力団関係者も一人のお客様として受け入れていたはずです。そして今でも、暴力団関係者をお客様として受け入れているホテルがあるかもしれません。

「暴力団関係者であっても、金払いはいいし他のお客様に迷惑かけなければいいじゃないか」と思う人もいるでしょう。

確かに、ホテルで騒いでお客様に迷惑をかけるような暴力団関係者は少ないと思います。かえって周りのお客様に気づかいをしていることもあります。

それでは、なぜホテルから暴力団関係者を排除しなければならないのでしょうか。

それは、ホテル業界に限らずどの業界であっても理由は同じだと思います。

暴力団員は構成員として暴力団という組織に属していて、その組織自体が常に「危険性」を内包しているからです。

簡単に言いますと、暴力団員も食べるためには金を稼がなければなりません。稼ぐ方法は、従来から賭博、覚せい剤、みかじめ料、恐喝の他、最近主流の振り込め詐欺など様々です。

その金で生活し、一部は上納金として組織に入れます。組織の看板で金を稼ぐのが常套手段であり、組織に属している以上、上納金を納めないわけにはいかないのです。

その上納金によって、暴力団組織は運営されているので、金がなければ組織を維持することもできません。

ところが、いつでも簡単に金を稼げるわけではありません。

特に大きな利権が絡む仕事だと、金を稼ぐ段階で他の暴力団組織とぶつかることがあります。

そうなれば互いに話し合いが持たれるでしょうが、話がつかないとケンカや抗争へと発展していく場合があります。

組織同士の戦いは、その組織に属する組員同士の戦いです。

最悪の場合は殺傷事件に至ります。相手を殺るためには、手段、場所を選ばなくなり、一般人がいる場所でも殺ることがあります。

このように、暴力団組織自体が常に「危険性」をはらんでいるわけですから、そこに属する暴力団員も同じく「危険性」を内包していることになるのです。

ですから、お客様の安心安全を守るためには、ホテルから暴力団関係者を排除しなければならないのです。過去に暴力団員がホテルで起こした事件をいくつか紹介してみます。

平成九年八月、神戸市内にあるホテルのティーラウンジで、当時のY組ナンバー2であった若頭が、内部抗争が原因でけん銃で撃たれ死亡するという事件が発生しています。その際、隣のテーブル席に座っていた歯科医師の男性が流れ弾に当たって死亡しています。

平成一六年一〇月には、東京にあるホテルの喫茶店内で、S会系暴力団幹部とY組系暴力団幹部が話し合いをしていたところ、S会系暴力団幹部がY組系暴力団幹部らをけん銃で射殺するという事件が発生しています。

また、平成二七年一〇月には、長野県飯田市のホテルの駐車場で、元Y組傘下の組織組員がけん銃で頭部を撃たれ死亡しています。

さらに、平成二八年一月には、北海道登別のホテルで、元Y組系幹部がけん銃で眉間を撃たれ死亡しています。

暴力団も、ホテルの中だと一般客もいるため警戒心が緩むのかもしれません。

このように、暴力団関係者と分かっていてホテルの利用を許していると、殺傷事件などの犯罪に巻き込まれることがあるのです。

場合によっては、お客様の身の安全が守れないことになります。

では、どのようにして暴力団関係者を排除すればよいのでしょうか。

それは、暴力団関係者に対して「当ホテルは暴力団関係者のご利用をお断りしていますので、ご遠慮願います」と直接声をかける（以降、声かけを忠告、注意などと表記することもあります）ことです。

一度の忠告で分かってくれない暴力団関係者もいますが、あきらめることなく、来るたびに「ご遠慮願えますか」と声をかけることです。

この声かけをやらないと、ホテル側の意思が暴力団関係者に伝わらず、いつまでたってもホテルを利用されることになります。

本当に暴力団に声かけしたのか?

読者の中には、私がホテルに来た暴力団関係者に対して、本当に声かけをしてたのかと疑問を持たれる方もいるかもしれませんので、簡単に自己紹介をしておきます。

私は、平成二六年三月まで警視庁に勤務しておりました。昭和五二年に着任した蔵前警察署を皮切りに、数カ所の警察署において暴力団の取締りや排除対策を担当した後、組織犯罪対策第四課へ異動し、そこで主に広域暴力団の取締りを担当しました。その後、浅草警察署勤務などを経て退職しています。浅草警察署においても暴力団の取締りと排除対策を担当しておりました。

通算しますと、暴力団関係の仕事に約二三年間携わってきたことになります。

そのような経験もあって、私は一般の方々より多少は暴力団に対しての知識があり、免疫もあるほうだと思っています。

しかし、私も暴力団に声かけするのが得意なわけではありません。「できれば関わりたくない」と思うのは、皆さんと一緒です。

暴力団は、なぜホテルを利用するのか？

私が暴力団排除活動を行ったホテルは、東京の浅草にあるソリドール浅草です。平成二六年にこのホテルに入社して以来、二〇件以上、暴力団関係者に対して声をかけて排除活動を行ってきました。それでは、どうして暴力団関係者がソリドール浅草にやってきていたのかと考えますと、それは浅草周辺における暴力団の情勢が関係しているからなのです。

私が浅草警察署に隣接する蔵前警察署で暴力犯捜査を担当していた昭和五〇年代は、蔵前警察署の暴力団担当の刑事は六名ほどでした。ところが、浅草警察署は、二〇人くらいの暴力団担当刑事がいました。それだけ、浅草地区には暴力団事務所と暴力団員が多かったのです。

当時は、新宿警察署よりも担当刑事の数が多かったそうです。また余談になりますが、当時の暴力団は、暴力団担当の刑事の言うことをよく聞いたそうです。それだけ、暴力団担当刑事と暴力団との間に人情が通じる時代だったのです。

地元警察署に対しては、犯罪を起こしても自ら出頭したり、警察の呼び出しに対しても素直に応じていました。

また、私が浅草警察署に勤務していた平成二〇年当時でも、暴力団事務所は管内に三〇カ所くらいあり、新宿警察署の次に多いと言われていました。当然、暴力団員も多いことになります。

現在でも、およそ三〇カ所の暴力団事務所があると聞いています。

そして、以前から浅草寺の裏手にある浅草観音温泉では、浅草に本部事務所を構えているH会とN会が毎月、定例会を行っていました。

定例会の日は、関東近県から大勢の暴力団員が車でやってきます。そして、定例会が始まる時刻まで近くの喫茶店や車の中で待機しているのです。開始時刻間近になると、一斉に各団体ごとにあちこちの路地から観音温泉に集まってきます。総勢二〇〇名以上が集まります。

定例会後は仲間と談笑するため、近くの喫茶店などを利用していましたが、町中の喫茶店に大勢で長時間居座るわけにもいきません。また、路上にズラリと黒塗りの車を止めると警察に通報されることもあります。

そこでホテルを利用することを思いついたのかもしれません。ソリドール浅草には喫茶室が二つあり、ホテル南側の通りは広くなっていて何台でも駐車できます。

他の車の通行の妨げにもならないので、警察への通報も少なかったのでしょう。

それにホテルということもあり、長時間利用していても「出ていってくれませんか」とは言われなかったのです。

また、どこのホテルであっても同じでしょうが、ホテル従業員はお客様に対して「親切」「丁寧」な応対をモットーとしているため、暴力団関係者にとっても居心地が良かったのでしょう。

なお、「東京都暴力団排除条例」の施行後、暴力団は浅草観音温泉を利用しなくなり、現在浅草観音温泉は取り壊されてなくなっています。

ソリドール浅草とはどんなホテル？

まず、ソリドール浅草における施設の配置や警備体制についてお話ししておきます。

ホテルの正面入口から入るとロビーがあり、右手にフロント、その左側にはエレベーターホールがあります。

ロビー正面には、喫茶室「スイートムーン」があります。

客席は約六〇席あって、ゆったりと座れます。

また、館内に入るには、正面入口以外に南側道路側からの入口も利用できます。

先ほどもご説明したように、南側道路は、車道に車を止めても他の車両の通行の妨げにならない広さがあります。

ホテルの裏手には、団体客専用の大型バスが駐車できるスペースがあり、その駐車場からもホテルに入れる入口があります。その裏入口を入ると、すぐ左側に喫茶室「バルバラ」がありました。

この喫茶室には二〇名ほどが入れました。

ホテルの裏側から入れる喫茶店なので、暴力団関係者にとっては人目を気にすることなく入れて、都合が良かったのかもしれません。

そして、ソリドール浅草では、過去に発生した暴力団のトラブルを教訓として、ホテルに入ることができる全ての入口に「暴力団関係者のご利用は、固くお断り致します」という暴排看板を設置していました。

暴力団関係者を排除するためには、この暴排看板が必要なのです。このような暴排看板や暴排表示（以降、看板等と呼称することもあります）がないホテルは、暴力団関係者を排除することが難しいのではないかと思います。

私は、この看板があったおかげで暴排活動に取り組むことができたのです。

次に館内の警備体制についてですが、ホテル正面には、アッシャー（案内係）数名の他に警備員一人が立哨し警戒に当たっています。

他の警備員は、防災センターにおいて、館内のあらゆる場所に設置してある防犯カメラを見ながら監視警戒に当たっています。

これらの位置関係を念頭に置いて本書を読んでいただければ、内容がよく分かるのではないかと思います。

それでは、これから私が、ホテルソリドール浅草で暴力団関係者を排除するために「ホテルの利用を遠慮していただけますか」などと実際に声をかけたり忠告したことなどを交えながら、そこで得た教訓などについてお話ししていきたいと思います。

第1章

実録編「暴力団お断り」

実録編においては、「顔見知りの暴力団への声かけ」と「面識のない暴力団への声かけ」とに分けて話します。

私は以前、浅草警察署に勤務していたので、浅草付近で活動している暴力団員とは、ある程度面識がありました。その経験が活かせるのではないかとの思いもあり、ソリドール浅草で働くことになったのです。

入社に際して私は、ホテルの総支配人に「浅草警察署管内の暴力団については、顔見知りの者もいますのでお役に立てると思います」と話した記憶があります。

しかし、入社した四月早々に顔見知りの暴力団員と出会うことになるとは思ってもいませんでした。

喫茶室のご利用をお断りします

轟会長とその配下

実例① まあ、こっちへ来てコーヒーでも飲めよ

それは、Ｚ組傘下組織の轟会長と、同じくＺ組傘下組織の石田組長、そしてその配下の小林でした。

会長が七〇代、組長が六〇代、小林は四〇代でした。

轟会長らは、ホテル裏手の駐車場側の入口から館内に入り、すぐ左手にある喫茶室「バルバラ」でコーヒーを飲んでいました。

私は防災センターから出て、ホテル内の巡回に向かいました。そして、私が「バルバ

ラ」の前を通り過ぎようとした時、轟会長らと目が合ったのです。

約四年ぶりの再会でした。彼らは私を見て「どうしてこのホテルにいるのか」と一瞬驚いたような顔をしました。私が退職したことを知らなかったのです。

私も一瞬驚きました。こんなに早くヤクザに遭遇するとは思ってもいませんでした。しかもそれが轟会長らであるなんて…。それでも最初が肝心だと思い、「顔見知りの暴力団関係者でも会った以上、言うべきことは言わないといけない」と喫茶室に入り、会長らのところへ行きました。そして「会長、お久しぶりです。お元気ですか」と挨拶をしました。するると、轟会長も「おお、元気だ」と返してきました。轟会長は、東京でも名の通った暴力団幹部です。

その後、会長らに対して「自分は警視庁を退職して、このソリドール浅草に勤めている」ということを告げました。続けて「今日は、喫茶室を利用してもらってもいいですが、次からはご遠慮願います」と言い、喫茶室を出ました。

しかし、誰も「分かりました」とは返事をしませんでした。「水くさいこと言うな」と思ったのかもしれません。

その後、防災センターに戻り、警備員に対して、轟会長らがいつ裏口から出ていくかを防犯カメラで監視しているように指示しました。

喫茶室内を監視できる防犯カメラはなかったのですが、裏出入口の部分はカメラで監視できたのです。

会長らと話をした感じからして、彼らがすぐに出ていくとは思えませんでした。

暴力団関係者に「出ていってくれますか」と言っても、「はい、分かりました」などと素直に喫茶室を出ていく者は少ないのです。

その後、三〇分ほどして私は、また喫茶室「バルバラ」の前をゆっくり通り過ぎました。轟会長らに対する無言の警告のつもりで、彼らの様子を見ながら通り過ぎたのです。

その時、私と目が合った轟会長が、私に対して「まあ、こっちへ来てコーヒーでも飲めよ」と言ってきたのです。

会長の気持ちも分かりましたが、その誘いには乗りませんでした。なぜかというと、彼らと一緒にコーヒーを飲めば自然と談笑することになってしまうため、今後、会長たちに対して、ホテルの利用を断りづらくなると思ったからです。

そのまま「バルバラ」の前を通り過ぎ、館内の巡回を続けました。三〇分ほどして、会長らは帰っていきました。

実例② 何がじゃないよ、漢字読めないのかよ

しかし、轟会長らはまた来ると思われたので、その時に備えて対策を講じる必要がありました。ソリドール浅草は、玄関入口の他、館内に入る全ての入口に「暴力団関係者のご利用は、固くお断りします」と書かれた暴排看板を置いていました。

それでも彼らは、それらを無視して平気で入ってきます。それでは看板が役に立っていないのではないかと思われるかもしれませんが、こうした看板は、暴力団をホテルから排除するのに欠かせないものなのです。

そこで、裏駐車場入口の二カ所に置いてあった看板の一つを「バルバラ」の入口脇に置きました。

つまり、館内に入る入口と喫茶室に入る入口の両方に看板を置いたのです。これなら、

喫茶室入口の看板は誰の目にも入ります。これを暴力団に対する対抗手段としたのです。その後、轟会長、石田組長、配下の小林らは、二ヶ月後の六月に再び「バルバラ」にやってきました。

それで、また私は「バルバラ」に行き、轟会長に「会長、頼みますよ」とホテルを利用することを遠慮するようにそれとなく言ったのです。すると同席していた配下の小林が、椅子にもたれ掛かったまま私のほうを見て、「何が？」ととぼけたように言ってきたのです。ナメてかかってきたと思いました。

それに対して、ムッとした私は「何がじゃないよ、漢字読めないのかよ」と強く言い返すと、小林は黙ったままでした。

なぜ小林に強く言ったかというと、彼らは、裏入口の看板に書いてある「暴力団関係者のご利用は、固くお断りします」という表示に気づいているし、喫茶室「バルバラ」入口の看板も当然見ているはずです。

自分たちがこのホテルを利用できないということを十分承知していながら、あえて入ってきているからです。

また、私が暴力団関係者に忠告できるのは元警察官だからではなく、ソリドール浅草の従業員だからです。ホテルから暴力団を排除することができるのは、そのホテルの従業員なのです。

このことを、ホテルの従業員はもっと理解するべきだと思います。

また、何度も繰り返して言いますが、ホテルにこのような暴排看板がなかったら、私としても暴力団関係者に忠告することはしませんでした。

この「暴力団排除」の看板があるホテルとないホテルとでは、暴力団排除活動に雲泥の差があると思います。

私にとっては、この看板は警察手帳と同じようなものです。

しばらくして、轟会長らは「バルバラ」を出ていきました。

それ以後、石田組長と小林は喫茶室に来なくなりましたが、轟会長はその後も喫茶室を利用していました。

実例③　俺はヤクザじゃねえ、勝手にビデオ撮ればいいじゃねえか

ホテルのアッシャーや警備員によると、以前から轟会長は、石田組長らの他に奥様を連れてホテル一階にあるレストラン「オリンピックファイヤー」に何度も来ているということでした。

石田組長とその配下の者が来なくなり、しばらくは轟会長の姿も見かけませんでした。しかし翌年二七年の三月に轟会長がまた喫茶室「バルバラ」に来ました。

いつものとおりホテル裏の入口から入ってきた彼は、女一名、男三名を従えていました。

私は「何度言っても、聞き入れてくれないなあ」と思ったのですが、そのまま見過ごすわけにもいかないので、また会長らがいる「バルバラ」に行きました。

そして、会長のところへ行き、「会長、堅気になったのですか。ヤクザ、やめたのですか」と皮肉とも聞こえるように話しかけました。

すると、会長の隣に座っていた女が突然、大笑いをしました。ホテル従業員の私が、会長に対してそんな言葉を使うとは思ってもいなかったからかもしれません。

また、今まで会長に面と向かってそんなことを言う人がいなかったのでしょう。それに対して会長は「おお、そう堅気になった。だから文句ないだろう」と切り返してきました。

確かに噂では、轟会長が所属していた大山会は解散になったとの情報があったのです。それで、会長に「大山会は解散したらしいですね」と言ったのです。ただそれが事実であっても、会長が暴力団関係者であることには違いないので、「ヤクザが来たら浅草警察署に連絡することになっている。喫茶室の入口に表示してあるとおり、ヤクザが入ると建造物侵入罪になる」ということを伝えて牽制しました。

そのくらい強く警告しないと、来るのをやめないと思ったからです。すると会長は「脅かすんじゃねえよ」と言ってきました。

私は会長に「よろしく頼みますよ」と言って、喫茶室を出ました。

しばらくして会長らは出ていきましたが、彼のことだからまた喫茶室に来るだろうと思いました。

会長からすれば「元警察官とはいえ、ホテルの従業員の言うことなんかいちいち聞いていたらヤクザなんてやってられない」という気持ちなのかもしれません。

案の定、轟会長は、翌月四月に黒色のワゴン車で再びやってきました。路上に止めたワゴン車に配下の者二名を残し、会長の他に男二名が「バルバラ」に入ってきました。一ヶ月ぶりに来たので、私は会長のところへ行き「会長、元気でしたか」と声をかけました。すると会長は「おお元気だ、入院していた」と返してきました。私は、忠告してもまた来るかもしれないと思ったのですが、会長に対して「喫茶室入口に表示してあるとおり、喫茶室を利用するのは遠慮していただきたい」と告げ、さらに「防犯ビデオも撮っている」と忠告したのです。

すると、会長は少し声を荒げて「俺はヤクザじゃねえ、勝手にビデオ撮ればいいじゃねえか」と言い返してきました。来るたびに私から忠告されるので、良い気持ちはしていなかったのでしょう。

その後、私は会長に「頼みますよ」と言って、喫茶室を出ました。轟会長らはコーヒーを飲んだ後、帰っていきました。

それからしばらく、轟会長は喫茶室に顔を出していません。

Y会系組織幹部 村岡

実例④ このホテル以外にないんだよ、頼むよ

平成二七年五月一六日は、三社祭の中日である町内神輿渡御の日でした。この日、Y会系組織田島会幹部の村岡が喫茶室「スイートムーン」に男一名を伴って入ってきました。

私は、浅草警察署に勤務していた時に村岡とは面識もあり、話のできる仲でした。

村岡は、警察に対して反抗的な態度を取るような暴力団員ではなく、私などには温厚に接してくる男でした。

私は喫茶室へ行き、ソリドール浅草で働くことになったということを話して挨拶をすると、村岡は「祭りの時だけこのホテルの喫茶室を利用させてもらっている」と先手を打ってきました。

暴力団とはいえ、喫茶室に入った以上、目の前のコーヒーも飲まさずに出ていけとも言

えず、村岡に対して「知っているとは思うが、暴力団はホテルを利用できないのでよろしく頼みますよ」と言って喫茶室を出ました。

村岡はしばらくして帰ったのですが、帰る際に再びホテルのロビーで出会ったのです。

その時、村岡は「自分は七四歳になった。糖尿病を患ってる」などと自分のことを話して帰っていきました。確かに、以前より年を取ったように見えました。

今回限りで来なくなることを願いましたが、二ヶ月後の七月、村岡と暴力団幹部らしき男二名、その配下の者二名が、再び喫茶室「スイートムーン」にやってきました。

防犯カメラを再生したところ、村岡と待ち合わせをしたらしく、村岡以外の男らは、黒のワゴン車でホテルに乗り付けたことが分かりました。

喫茶室「スイートムーン」の入口にも「暴力団関係者のご利用を固くお断りします」と書かれた暴排看板を別の場所から移動させて置いていました。

しかし、彼らには全く効き目がないようでした。

私は、注意するために「スイートムーン」へ向かいました。村岡は席を外していて、幹部らしい男二名と配下の者二名がいました。

男たちは田島会の村岡と一緒だったので、当然、彼らも暴力団関係者であると思いました。

それで、幹部らしい男に「見たことがありますね。浅草で会ったことがありますかね」と尋ねたのです。田島会の者なら、どこかで顔を合わせていると思ったからでした。

すると男は「栃木のほうから来ました」と答えました。

私は、栃木県に事務所がある暴力団関係者かなと思い、彼らに対して「このホテルは、暴力団関係者は利用できません。建造物侵入になりますよ」と忠告して喫茶室を出ました。男たちは「分かりました」と頷きましたが、しばらくは出ていきませんでした。ただ、忠告しても反抗するようなことがなかったので、彼らも暴力団関係者に間違いないと思われました。

このように、声かけしたからといってすぐに出ていく暴力団関係者はほとんどいないのが現実です。

その後、村岡は、二七年の一〇月二日と一〇月一六日に喫茶室「スイートムーン」に来ています。警告を気にしている様子はあまり見られませんでした。

二日は、村岡の他に三名の暴力団関係者が来ました。

その日も村岡らのところへ行き「話が終わったら出ていってくれませんか。暴力団関係者出入り禁止の看板が出ているでしょう」とストレートに警告しました。何度言っても分かってくれないので、そう言ったのです。

彼らはしばらくして出ていきましたが、それまでの様子を防犯カメラで監視していると、彼らは話している最中も「また、私が来るのではないかと」と、喫茶室の入口をチラチラと気にしていました。少しは「まずいなあ」と思っていたのでしょう。

一六日も村岡と四名の暴力団関係者が「スイートムーン」に来ました。

村岡を除いたその中の二人は、二日にも来た男たちでした。

最初に村岡と二人の男が喫茶室にやってきて、後から別の二名が合流したのです。

後から合流した二名は、他府県ナンバーの車で来ていました。

ソリドール浅草は、暴力団排除について積極的なホテルであり、ホテルにやってくる暴力団関係者の車両ナンバーを全て控えるように、警備員や車寄せにいるアッシャーに指示しているのです。

それは、何度もやってくる暴力団関係者を判別するためです。また、暴力団関係者がホテル内でトラブルを起こした場合にも役立つと考えられるからです。

村岡たちが喫茶室に入ってから少し時間を置いて、彼らのところへ行きました。村岡は私を見て「また来たか」というような顔をしました。

いつものように、彼らに対して「話が終わったら帰ってくれ」と言って、その場を離れました。彼らも心得ていて「分かりました」と答えました。

彼らが帰る際、また村岡とロビーで会いました。その時、村岡は「仕事の話なんだからゆっくりさせてくれ」と頼み込んできました。

それに対して「いいよ」と言うわけにはいかず、「暴力団関係者は出入りを禁止しているし、あんたが他人に恨まれていて、けん銃で撃たれるようなことがあったら大変なことになる」と半分冗談混じりに言いました。村岡は「今はそんな状況にないよ」と笑いながら言って、帰っていきました。

その後、村岡はしばらくホテルに顔を見せませんでしたが、平成二八年八月に彼を含め五名でやってきました。

彼らは白色のワンボックスカーをホテルの玄関に止めると、運転手以外の四名が降りてホテルに入り、そのまま喫茶室「スイートムーン」へと向かいました。

運転手は車を地下の駐車場に止めた後、遅れて喫茶室にやってきました。彼らは、喫茶室の入口に近い席に座っていました。

私が喫茶室に入っていくと、通路右側のテーブルに白色の帽子を被った男と幹部らしい男二人が座り、通路左側のテーブルに配下の者二名が座っていました。

当初、背中を向けていた白色の帽子を被った男が田島会の村岡とは気づかず、彼らのところへ行き、先に通路左側テーブル席に座っていた配下の者二名に声をかけました。

一人は運転手で、もう一人は車の助手席に乗っていた男です。二人とも年齢は三〇代に思われました。

二人に「暴力団関係者は、ご利用をお断りしているのですが」と言うと、細身の運転手の男が「暴力団じゃないよ」と言い返してきました。

しかし、どう見ても暴力団関係者にしか見えなかったので、今度は通路右側のテーブル席に座っている幹部らしき男らに声をかけようとして近づきました。

そして壁を背にして座っていた男の顔を見ると、以前にも喫茶室に来た男だったので、「私の顔を知っているでしょう」と言うと、「ああ、知っていますよ」と言ってきました。以前に警告したことのある暴力団関係者でした。

その後、背を向けて帽子を被った男の顔を見ると、何度も来ている村岡だったのです。村岡は「客人を接待する場所が、このホテル以外にないんだよ、頼むよ」と言ってきました。

確かに村岡らは、いつもコーヒーを飲んで談笑して帰っていくだけだったのですが、「喫茶室を利用していいよ」とは言えないのです。

いつものように「話が終わったら帰ってくれ。暴力団関係者は出入り禁止だよ」と告げ、暴力団関係者じゃないと言った配下の運転手らに対しては「私の顔を覚えておいて下さいよ」と言い残して喫茶室を出ました。

その後は防災センターに戻り、防犯カメラで監視していました。

防犯カメラを再生してみたところ、私は気づかなかったのですが、村岡と話している時に配下の二人が急に椅子から立ち上がり、私の行動を警戒している姿が写っていました。

私が村岡の腕に触れながら話していたので、警戒したのかもしれません。彼らはボディーガードも兼ねていたのです。

ここでも言えるのですが、親分らと配下の者が一緒にいる時に、配下の者に先に声をかけてもなかなか本当のことは言いません。言えない時もあるということです。

私の声かけに対して「はい、暴力団です」などとうっかり本当のことを言えば、後で組長らから叱責されるからです。

その後、村岡は帰ったのですが、入れ替わりに二人の男が入ってきて話し込み、結局三時間くらいいて帰っていきました。

Ｏ会系組織幹部の面々

実例⑤　黒色スーツ一五人

次は、物分かりの良い暴力団関係者の話です。

私がソリドール浅草に勤務してから一ヶ月後の五月、ホテル前で立哨勤務に就いていた川上警備員が、黒塗りの乗用車やワゴン車が何台もホテル前の道路を通過するのを確認しました。

しばらくすると、その車両の列がホテル南側の道路に駐車し始めたのです。その数、七台でした。

そして、それらの車両から次々に暴力団関係者と思われる男たちが降りてきて、ホテル裏入口から喫茶室「バルバラ」に入ってきたのです。一五人くらいだったと思います。

私は、川上警備員から「暴力団関係者らしい男たちがバルバラに入った」との連絡を受け、様子を見に行きました。「バルバラ」の前をゆっくり歩き、喫茶室の中の様子を窺いながら通り過ぎました。喫茶室は、通路から中が見通せる状態になっています。

喫茶室には二〇人ほどしか入れないのですが、入口のテーブルから奥のテーブルまで黒のスーツを着た男たちがびっしり座っていて、誰が見ても暴力団関係者にしか見えませんでした。

喫茶室を占領している状態で、私でさえ圧迫感を覚えるほどです。

一般のお客様が見たら、さぞ驚かれるでしょう。その中の数名の顔に見覚えがありました。○会の幹部たちでした。

なぜ彼らの顔を知っていたのかというと、私が浅草警察署に勤務していた頃、浅草寺の裏手にある浅草観音温泉で毎月、Ｎ会の定例会が行われていて、その視察に何度も行っていたため、Ｎ会に所属していた○会幹部らの顔も知っていたのです。

顔ぶれ、服装、車両の列などから察するに、定例会の帰りに立ち寄ったのだと思われました。

私は一旦、防災センターに戻って警備員にカメラでの監視を指示した後、暴力団関係者が大勢喫茶室に来ていることを総務課に連絡し、再び喫茶室へ向かいました。暴力団関係者に免疫があるとはいえ、これだけの人数を相手に話すのは私も初めてでした。

しかし、ここで忠告しなければ、再びやってくることは間違いありません。喫茶室の入口を入り、すぐ前のテーブル席にいた五〇代の黒色スーツの男に対して「すみません、〇会の関係者ですか」と声をかけました。

私の声は聞こえているはずですが、男は黙ったままでした。

声をかけたのは配下の者であり、男は親分ら幹部がいるところで「はい、〇会の者です」とは言えなかったのでしょう。私も、奥に座っている幹部のところまでは行きませんでした。

そこで、再び少し大きな声で「組の関係者であれば、ホテルのご利用はお断りしているのですが」と言いました。そして、奥のほうへ目をやりました。

すると、私の声が聞こえたのか、壁を背に一番奥に座っていた男が「それじゃ、帰るぞ」と大きな声を発したかと思うと、それに合わせて皆一斉に立ち上がり、帰り支度を始めたのです。

一番奥に座り「帰るぞ」と言ったのが、嶋野組の組長でした。

帰り際に私は、顔見知りの幹部らに「観音温泉で会っているので、私の顔は知っているでしょう」と言いました。

浅草警察署にいた私が、このホテルにいるのですよ。今後、ホテルの利用を遠慮してほしいという意味を込めて言ったのです。

その後、〇会の者たちは、ぞろぞろと出ていきましたが、幹部の誰かが「おう、会計忘れるなよ」と言ったので、笑いながら出ていく者もいました。

引き際がいいというのか、全員一斉に出ていきました。

さすが、親分の一言は違うなと感心しました。以後、〇会関係者は一度も喫茶室には来ていません。

M会系室井組幹部 落合

実例⑥ 今日だけ喫茶室を使わせてほしい

平成二七年一月、浅草に事務所のあるM会系組織の幹部二名が、ホテル裏入口から入り、喫茶室「バルバラ」にやってきました。

室井組の落合と田中でした。落合は白の半コートに白ズボン姿、田中は白のジャケットに紺のズボン、紺色コート姿でした。年齢はいずれも六〇代です。

浅草警察署に勤めていた時、何度か室井組事務所に視察などで立ち寄ったこともあり、落合と田中とは顔見知りでした。

三社祭では、神輿渡御の際に身体に入れ墨を入れた男が神輿に乗ることがあったので、「時代も変わったことだし、入れ墨をした配下の者を神輿の上に乗せないように」と各暴力団事務所にお願いに行ったことがありました。

室井組事務所にもお願いに行ったことがあり、その時は室井組長も落合も快諾してくれました。

落合は室井組の幹部でしたが、警察に対してはいつも協力的でした。

喫茶室にいる二人のところへ行き、「落合さん、田中さん、しばらくぶりです。三社祭の時は、いろいろとお世話になりました」と挨拶をしました。

二人は私の顔を見て、「なぜ、このホテルに私がいるのか」と驚いた様子でした。

私は、警視庁を退職して昨年の四月からソリドール浅草で働いていることを告げ、落合に対して「足は大丈夫ですか」と声をかけました。

というのは、以前、私がホテルの付近を歩いていたら、落合が松葉杖をついて歩いているのを見かけたことがあったからです。

落合は「大丈夫です」と答えた後、「客人と待ち合わせをしているので、今日だけ喫茶室を使わせてほしい」と頼んできました。

彼らもソリドール浅草が暴力団関係者の立入を禁止していることを十分承知しているのです。

二人には「用事が済んだら帰って下さい」と言って、喫茶室を出ました。

二人はその後、待ち合わせた客人との話が終わると帰っていきました。

その後、落合らは、約束どおりソリドール浅草には二度と来ていません。

噂では、ホテル近くにある喫茶店を利用しているとのことでした。

右翼団体幹部 井上

実例⑦ 憎めない右翼

次は、憎めないような右翼関係者の話です。

平成二七年九月、いつものようにホテル一階を巡回して喫茶室「バルバラ」前を通り過ぎようとしたところ、喫茶室内で顔見知りの暴力団関係者井上が、一人の男とコーヒーを飲んでいたのを発見しました。

井上は右翼団体に所属している男で、暴力団とも交友がありました。私が浅草警察署にいた頃は、街宣届けの関係などでよく警察署に顔を出していたので、何度も会ったことがあります。

右翼でも、明るくて親しみやすい性格の男でした。

私と目が合うと、井上は椅子から立ち上がらんばかりに驚きました。そして、「なぜ、ここにいるんですか」と聞いてきました。

私は「久しぶりだね」と声をかけ、警視庁を退職した後このホテルに再就職したことを伝えました。井上と少し世間話をしてから、「ところで、このホテルは暴力団関係者は出入りできないけど」と言うと、井上はいつもの明るい口調で「俺は暴力団じゃないよ。右翼だよ、右翼」と答えました。

それに対し、私も明るく「右翼と言ったって、暴力団と付き合っているだろう。そうすれば暴力団関係者だよ」と答えました。

そして「今後は遠慮してほしい」と告げ、喫茶室を出ました。

井上は「分かりました」と言いながらも「なんであんたがここにいるんだよ」などと恨み節を言っていましたが、その後しばらくして帰っていきました。

その後、井上は二八年七月頃、ホテルに顔を出しました。その時私は、館内の巡回を終えて防災センターに戻ってきました。

すると、防災センターで勤務していた中野警備員が「立哨中の川瀬警備員から無線連絡がありました。警視庁のＯＢで井上という人がホテル前に来ているそうです。支配人の知り合いだと言っているそうです」と言いました。

今日は人と会う約束はしていないし、井上という人についても心当たりがなかったのですが、警察関係者というので玄関まで行きました。

するとそこには、右翼の井上がニコニコ笑いながら立っていました。「何だ、お前か」と言うと、井上は「今日は頼みがあって来たんだよ。実は、明後日、田舎からおふくろと親戚の者がこのホテルに泊まる。俺一人だけど、ホテルでおふくろと会っていいかな」と頼んできました。

私は「その日、俺は休みでいないよ」とだけ答えました。井上は「よろしく頼みます」と言って、笑顔で帰っていきました。

その後、井上とは会っていなかったのですが、それから一月くらいして、浅草警察署の方が私を訪ねてきた時に、井上のことを話したら「先日、井上のお母さんが亡くなった」と教えてくれました。

私は、井上がホテルでお母さんと話すことができてよかったと思いました。

Ｓ組系組織幹部　佐々木

実例⑧　客のいる前で、呼び捨てはないだろう

この佐々木については、ホテルの警備員らの話によると、Ｓ組系の暴力団員で連日のようにホテルの喫茶室を利用していて、乗ってきた車を地下駐車場に止めているとのことであった。

しかし、駐車料金を全く払っていませんでした。

佐々木は駐車場に入る際、入口に設置してある機械から出てきた駐車券を、帰る時フロントに持っていくのです。そして、フロント係員から駐車料金が無料になる穴開けパンチ

を打刻してもらい、それを出口の精算機械に差し入れて帰っていたのです。

また、佐々木は数日間駐車することもあり、その間に鞄を持ってどこかへ出かけ、数日後には戻ってくるのでした。

私は事情を聞いて「これはまずい。都の暴力団排除条例に引っかかるのではないか。このまま続けていれば、暴力団に対する利益供与としてホテルが勧告されることになる」と思いました。

それで事実を確かめるため、フロント係員から話を聞きました。

すると、係員は皆、佐々木が暴力団関係者かもしれないと思いながらも、フロントに来て「頼むよ」と駐車券を差し出されると、無料パンチを押してやっているというのです。

「いつから、何が原因で、誰から言われて、無料パンチを始めたのか」と聞いても、フロント係員は「はっきりしたことは分からないけれど、以前から佐々木に対して無料パンチを押してやることが常態化していた」と言うのでした。

さらに調査したところ、佐々木は何年も前から地下駐車場に車を止めるようになっただけでなく、駐車料金を一切払っていなかったようです。駐車料金は三〇分五〇〇円であり、二四時間止めると二万四千円です。

私は過去にホテルが佐々木に弱みを握られて恩を売られたのかとも思いましたが、それを詮索しても何も解決しません。早く佐々木を排除しなければと思い直しました。

では、どうすれば佐々木を排除できるのか。佐々木から「当時の○○から許可を貰っているんだよ」とか「昔、面倒見たことがあるんだよ」などと言われたらどう対処すればいいのか考えました。

佐々木と話すきっかけが何かあるのではないかと思い、防災センターに保管してある過去の暴力団関係者の資料を調べてみました。

するとその資料の中に、平成二〇年七月にホテルで開催されたS組関係者による食事会の時の顔写真があったのです。

その中に佐々木の写真もありました。それと、その時の食事会の責任者である岩田という男の名刺の写しがありました。この名刺を見て私は、この食事会の写真が佐々木と話すきっかけになると思いました。

というのも、この食事会が開かれた時に私は浅草警察署に勤務していて、ソリドール浅草から「暴力団が大勢来ている」との通報を受けて、私以下暴力団担当者がホテルに駆けつけたことがあったからです。

そこには、五〇名を超えるS組関係者が集まっていました。その時私は責任者の岩田と会い、話をしました。岩田に対して「ホテルや周りのお客様に迷惑をかけないようにしてくれ」と警告しました。

岩田も「分かっています」と言い、「S組系組織若頭岩田〇〇」と記載された名刺を一枚私に差し出しました。

ホテル側も、暴力団関係者であることを全く知らずに食事会を引き受けたのでした。

その後、食事会は何のトラブルもなく終わりました。

その食事会に、佐々木も出席していたのです。資料としてあった岩田の名刺は、私が名刺の写しをホテル側に渡したものでした。

これで、佐々木がS組の関係者であるということが分かったので、浅草警察署へ相談に行きました。警察の見解も私と同じく「都の暴排条例に照らすと、無料パンチの件はまずいですね」ということでした。

また佐々木については、私の報告のとおり暴力団関係者であることが分かりました。そこで、今後、ホテルに来ないように佐々木に話すことにしたのです。

佐々木については、フロント係員や警備員、アッシャー、喫茶室の従業員など、皆が知っていました。

いつも携帯電話で大きな声で話しながらホテルに入ってきたり、喫茶室でも大声で話していたことがあり、従業員らが注意したこともあったそうです。

佐々木は、私がホテルに勤めてから三ヶ月後の平成二六年七月に、喫茶室「バルバラ」にやってきました。五〇代の男と二人でした。

警備員から「佐々木が来た」と連絡を受け、「バルバラ」へ向かいました。「バルバラ」の入口まで行くと、佐々木と一緒にいた五〇代の男が席を離れ喫茶室の外へ行きました。

運良く佐々木が一人になりました。今だと思い、意を決して喫茶室に入っていきました。

佐々木は入口近くのテーブル席に座っており、私と目が合うと、先に頷くような挨拶をしました。私を見て感じるものがあったのかもしれません。

私がホテルマンに見えなかったのでしょう。

佐々木が挨拶してくれたおかげで、私も話しやすくなりました。

そこで、佐々木に対して「久しぶりです。佐々木さんですね。私が浅草警察署にいた平成二〇年頃、Ｓ組の方々がホテルで宴会をやった時、会っていますね」と言うと、佐々木は「宴会じゃないですよ。食事会ですよ」と返してきました。

続いて私は「その時、岩田さんから名刺をいただいたんですが、元気ですか」と言い、当時貰った岩田の名刺を佐々木に見せました。佐々木はそれを見て「ああ、元気ですよ」と答えてきました。それで佐々木には、私が警察のＯＢであることが分かったのです。

さらに、佐々木に対して「ここのホテルは、看板にもあるように暴力団関係者の方は遠慮してもらっています。今日はいいですが、これから、ご利用は遠慮してもらえますか」とお願いしました。佐々木は「分かりましたよ」と答えました。

その日は、それだけ話して喫茶室を出ました。それから私はフロントに行き、「佐々木が駐車券を持ってきたら連絡をくれ」とお願いしました。

佐々木は一緒にいた五〇代の男としばらく話した後、いつものとおり駐車券を持ってフロントへ行き、駐車無料のパンチを押してもらって帰ったのです。

フロントから私に連絡が来たのは、佐々木が帰った後でした。

私は、フロント係員に対して「なんで連絡してくれないんだ。なんで無料パンチを押すんだ」と叱りました。係員は「すみません」と謝りましたが、私には係員が暴力団の勢いに押されてしまったのだろうとしか感じられませんでした。

しかし、佐々木に対する無料パンチをやめさせなければならないので、フロント係員に対して、佐々木はＳ組の暴力団員であり、今度、駐車券を持ってきても無料のパンチは押さず、私に連絡するよう再度お願いしました。

次に佐々木が来たのは、一ヶ月後の八月でした。この時は、佐々木が車を地下駐車場に止めてエレベーターで一階に上がり、ロビーを通り抜け南側出入口からホテルの外へ出ていくのを中野警備員が防犯カメラで確認して、私に連絡をくれました。

佐々木が約束を守ってホテルの喫茶室を利用しなくなったのかなと思い「よかった」と思いました。しかし、車を地下駐車場に止めているため、帰る時にまた駐車券をフロントに持ってくるのかもしれないと思い、フロント係員に対して「佐々木が地下に車を止めているから、佐々木が来たら連絡するように」と頼み、さらに「絶対無料パンチを押さないように」と指示しました。

それから数時間して佐々木が戻ってきました。フロント係員から「佐々木が来てます」と連絡があり、防災センターから急いでフロントへ向かいました。フロントに行くと佐々木がフロント係員から無料パンチ済みの駐車券を受け取っていました。

一足遅かったのでした。私は、佐々木に対して背中越しに「佐々木、何やっているんだ」と少し大きな声を出しました。

すると佐々木は、振り向きざまに「客のいる前で呼び捨てはないだろう」と食い下がってきました。

フロント前では話にならないと思い、ホテル玄関口まで佐々木を誘導し、そこで話を続けました。

佐々木は「何だよ。佐々木と呼び捨てにすることはないだろうよ」と、改めて私を責めてきました。

ヤクザの交渉事で本題とは関係ない相手のミスをとことん責めて交渉を有利に運ぶというようなことを聞いたことがありますが、まさしく佐々木は「私に呼び捨てにされたこと」を責めてきたのです。

それに対して、確かに呼び捨てにしたのは悪いと思い、「佐々木と呼び捨てにしたのは、俺が悪かった。それは謝る」と言い、「ところで佐々木さん。駐車料金を払ってもらってないんだが、車を止めたのだから駐車料金は払ってくれ」と今度は私が責めました。

それに対して「俺の車を今日このホテルに泊まる知人に貸すんだよ。宿泊する知人が車を使うんだよ」と言ってきました。

私は嘘だと思い、「それじゃ知人の名前を教えてくれ。フロントで調べればすぐに分かる」と言いました。

佐々木はそれには答えず、「俺は、あんたに言われてからホテルの喫茶室を使わず、近くの喫茶店を利用している」と話をそらしてきました。

確かに佐々木は、私が注意してからホテルの喫茶室を利用していませんでした。そして、佐々木の車がホテル近くの喫茶店前の路上に駐車されているのを、何度か見かけたこともありました。

それで「それはありがとう。感謝するよ」と言いました。

さらに佐々木は「以前俺は、このホテルに宿泊客を何人も紹介している。ホテルに〇〇や〇〇がいるだろう。聞けば分かるはずだ」とか「宴席なども紹介してやったことがある」などと言ってきました。

確かに、佐々木は過去に何人も宿泊客を紹介していた事実はありました。それに対して「宿泊客を紹介してくれるのはありがたいが、その客が暴力団員であれば駄目だよ。このホテルは暴力団関係者は利用禁止なのだから。佐々木さんだから言っておくけど、今後暴力団関係者を紹介すれば、泊まった暴力団員は詐欺罪で逮捕され、もしかしたら佐々木さんも共犯で逮捕されるかもしれないよ。私は、佐々木さんが嫌いとかじゃなく、これが私の仕事だから言っているんだよ。頼むよ」と警告しました。

佐々木は、不服そうな顔をしながら立ち去りました。

その後、私はフロントに戻り、係員に「なぜ、佐々木に駐車無料パンチをするんだ。この前、話しただろう」と叱りました。

しかし、その係員は「今回だけ無料パンチしてもいいと聞いていたので」と言い訳をしたので、がっかりしてしまいました。もう少ししっかりしてほしいと思い、「佐々木が来ても今後絶対に駐車無料のパンチをしないように」と釘を刺しました。

その後、佐々木はしばらくの間ホテルに顔を出しませんでした。

しかし、平成二七年四月に喫茶室「バルバラ」で暴力団関係者と思われる客二名と一緒にいるところを発見したのです。佐々木は私と目が合うと、恐縮したように頭を下げました。

私は、佐々木に近づき「分かってくれないのだったら、浅草警察に連絡するよ」と言い、喫茶室を出て電話をかけるふりをしながらロビーのほうに歩いていきました。数分後、「バルバラ」に戻ってくると佐々木たちの姿は消えていました。本当に警察官を呼ばれたら困ると思って、帰ったのかもしれません。

その後、佐々木が一度だけ車を地下駐車場に止めてホテルの外へ行くところを防犯カメラで確認したことはありますが、以後ホテルには来ていません。

初めて出会った暴力団

実例⑨　川崎ナンバー四人組

ここまでは、面識のある暴力団関係者への声かけについて話してきました。ここからは、どこの組織の暴力団員かも分からない者たちへの声かけについてです。面識もない暴力団に対して声かけすることの何が大変かというと、その者たちが暴力団員であることを見分けなければならないということです。

もし、暴力団員でないお客様に対して「暴力団関係者にはホテルのご利用をお断りしています」などと言ったら、大変失礼なことになります。謝っても許されるようなことではありません。場合によっては大きな問題に発展してしまうかもしれないのです。

暴力団関係者であるかどうかの確認が取れなくて曖昧な場合は声かけを控え、まず先に暴力団関係者である確証を掴むことにします。

車両に待機している配下の者に声をかけたり、ボディーガードがうろついていないか確認します。場合によっては喫茶室等にいる暴力団関係者の近くまで行き、話している内容などから暴力団であることの確証を掴むのです。

それが無理な場合は、防犯カメラで彼らの行動を監視して有事に備えることです。

私がホテルに就職した平成二六年四月に、川崎ナンバーの黒色ワンボックスカーがホテル正面車寄せに着きました。

そして、一見して暴力団関係者のような男が四人車から降りてきて、喫茶室「スイートムーン」に行き正面奥のテーブル席に座りました。

運転手は車を地下の駐車場に止めた後、喫茶室で合流しました。

吉井警備員から連絡を受け、防犯カメラで状況を監視していたところ、親分格の五〇代の男が、向かい側に座った五〇代の男を強い口調で責めている状況が見て取れました。その様子を、周りにいた配下の者たちは、黙って見ていました。

かなり大きな声で責めているらしく、他のお客様が驚いている様子でした。「これはまずい」と思い、私は喫茶室にいる男たちに近づいていきました。

すると、手前に座っていた三〇代の運転手が、私の顔を見るなり「すみません」と頭を下げました。

運転手も、大きな声が他のお客様の迷惑になっていると分かっていたのでしょう。

彼らの姿を見て、暴力団関係者に間違いないと思ったので「私は以前、暴力団を担当していたので、見れば分かります。もう少し静かに話してくれませんか。今後はホテルに来ないで下さい」と注意しました。

親分格の男も我に返り、「分かりました」と頭を下げていました。私の無礼とも思える言い方に反抗してこなかったのは、彼らが暴力団関係者であったからでしょう。

その後は防災センターに戻り、防犯カメラで監視を続けましたが、まもなく彼らは帰っていきました。

実例⑩　どこかで会ってますね、どこの組織の方ですか

平成二七年九月、一台の黒色ワンボックスカーがホテル正面玄関に止まり、後部座席か

ら五〇代の男二名が降りてきて、喫茶室「スイートムーン」に入ったとの連絡を立哨中の黒山警備員から受けました。

防犯カメラを再生したところ、車から降りた男二名は喫茶室に入り奥まで進むと、壁際のテーブル席に座って待っていた五〇代の男二名と合流しました。

一方、ワンボックスカーの前席には、運転席に二〇代の男、助手席に三〇代の男が乗っていましたが、二人は車を地下駐車場に止めると喫茶室に入ってきて、先に入った幹部らしい男らと合流したのです。

運転手と助手席の男は入口近くのテーブル席に座り、幹部らのほうを見たり入口のほうを警戒しているようでした。

明らかに一般の利用客とは様子が違いました。幹部らしき男らが座っている奥の席へは行かず、あえて入口付近の席に座り、入ってくる利用客を警戒しているように思えました。

私は彼らが暴力団関係者であると直感したので、彼らが乗ってきた車両ナンバーと状況を浅草警察署に報告してから、防犯カメラでしばらく様子を監視しました。

彼らを暴力団関係者であると思ったものの、決め手がありませんでした。しかし、放っておくことはできず、一〇分くらいして私は喫茶室へ向かいました。

そしてまず、入口近くのテーブル席に座っていた運転手と助手席の男に声をかけたのです。私が「どこかで会ってますね、どこの組織の人ですか。M会の方、それとも室井組の方ですか」と聞くと、助手席の男から「室井組の人もいますよ」とストレートに答えが返ってきました。

この言葉で、彼らが暴力団関係者であることが分かりました。

助手席の男に「そうですか。室井組なら親分を知っているのでちょっと挨拶をしてきますよ」と言うと、「親分じゃなくて山川さんです」とまた素直に答えてくれました。

配下の者をどこかで見たことがあるような気がしていましたが、暴力団関係者だという確信はありませんでした。それでも、彼らとの話から暴力団関係者であることが分かればと思って話しかけたのですが、これが上手くいきました。

その後、自信を持って奥のテーブル席に座っている幹部らしき男らのところへ向かいました。

そして、壁を背に座っていた五〇代の男に対して「室井組の方ですか」と声をかけたのです。

誰が室井組の者か分からなかったので、取りあえず声をかけました。それに対して男は、怪訝な顔をして「違いますけど」と答えてきました。

そうは言っても、配下の者から言質《げんち》を取っているので、私は「組関係者の方にはホテルへの出入りを断っているのです。今日はいいですが、次回はご遠慮願います」と言って喫茶室を出ました。

その後、彼らの行動を防犯カメラで監視していたところ、五分くらいして車で来た四名が帰りました。

そして、さらに五分後には、先に待っていた男二名も帰っていったのです。車で来た四名は後日、Ｔ会野田連合の関係者と分かりました。

実例⑪　赤シャツと青シャツ

平成二七年九月、館内を巡回していたところ、ロビーの椅子に暴力団風の男二名が座っているのを発見しました。一人は五〇代で口髭を生やし、体格が良く赤シャツにジーンズ、白のスニーカー姿でした。

もう一人は、六〇代で頭が禿げて小柄な青色シャツを着た男でした。彼らが暴力団関係者のように思われたので、私は一旦防災センターに戻り防犯ビデオで監視していました。

しかし、三〇分以上たっても彼らは椅子に座ったままでした。お客様ではないと思われましたので、彼らのところへ行き声をかけたのです。

二人に対して「失礼ですが、組関係者の方ですか」とストレートに尋ねると、赤シャツの男が「自分たちは暴力団とは関係ないよ。二階の理容室に行っている知り合いを待っているんだよ」と言いました。

青シャツの男は、ニコニコと笑っていました。それでも彼らが暴力団関係者と思われたので、「このホテルは暴力団関係者の利用を断っているんですよ」と言いました。

すると、赤シャツの男が笑いながら「あんたのほうが暴力団関係者に見えるよ」と切り返してきたので、私は苦笑するしかありませんでした。

青シャツの男は、終始ニコニコと笑っていました。私の失礼な質問に対して赤シャツの男は、怒らず笑って答えてきました。

それでも彼らは、暴力団関係者であろうと思われました。その後、一旦その場を離れて、館内巡回を続けました。

それから二〇分くらいして私がホテルの南側道路沿いを巡回していた時、二人が道路に立っていたので再び声をかけました。

最近、山口組が二つの組織に分裂して抗争が懸念されているというようなことを話題にすると、赤シャツの男は「自分も以前は、山口組椿会にいたんですよ」と話しました。

これで彼らが、私の失礼な質問にも怒らなかった訳が分かりました。

その後、男らは迎えに来た車に乗って帰っていきました。余談ですが、今回に限らず、彼らの顔つきや言動、振る舞い、服装などを見ただけで暴力団関係者であるかどうか分かるようなことが何度かありました。

どうして分かるのかというと、私が長年暴力団関係の仕事に携わってきたからでしょう。

表現が難しいのですが、暴力団関係者に出会うとそれらしい匂いを感じるのです。以前、夏に街を歩いてた時、体格の良い三〇代の男とすれ違ったことがあります。その時、暴力団関係者だなと思って男の背中に目をやったら、白いワイシャツ越しに背中一面の入れ墨が透けて見えたことがありました。

彼ら独特の「匂い」があるのです。また、彼らも私を見ると同じように「普通のサラリーマン」じゃないと感じるようです。長年やってきた「刑事」の匂いが染みついているのかもしれません。

実例⑫　神輿同好会

平成二八年二月、正午過ぎ、ホテルのロビーに続々と暴力団風の男たちが集まってきたかと思うと、喫茶室「スイートムーン」にぞろぞろと入っていきました。人数にして二〇名くらいでした。

男たちは六〇席くらいある喫茶室の一角を占め、大声で談笑し始めました。

警備員から連絡を受け、様子を見に行きました。男たちは三〇代から五〇代で、皆黒色スーツ、白ワイシャツ、白色ネクタイでした。結婚披露宴に出席する服装でした。

皆体格が良く、見た感じ暴力団関係者とも思えましたが、違うようにも見えました。そこで私は、六人が談笑しているテーブルに行き声をかけました。「お客さんは、どちらの関係者ですか」と、どのようにでも解釈できるように質問をすると、その中の一人が「伊藤家の披露宴に来た」と答えたのです。

それで、ホテルで行われる結婚披露宴に招待されたお客様であることが分かりました。ただ、彼らが暴力団関係者であればまずいと思ったので、調査したところ、神輿同好会の人たちであることが判明したのです。どうりで皆体格が良かったわけです。

なお神輿同好会については暴力団との繋がりはないと思われたので、披露宴は通常どおりに行われました。

なぜ神輿同好会にも注意しなければならないのかというと、中には暴力団の影響を受けている同好会があるからなのです。

特に浅草で毎年行われる三社祭の時には、各地から神輿を担ぎにやってくるのですが、それぞれ神輿同好会の半天を着て担ぐのが恒例になっていて、その同好会の中に暴力団が仕切っている同好会があるのです。

私が浅草警察署にいた平成一九年頃の調査では、三社祭で神輿を担ぐ神輿同好会のかなりの数に暴力団の息がかかっていました。

三社祭は、一之宮、二之宮、三之宮と呼ばれる三基の神輿が、浅草の街中を東部地区、西部地区、南部地区に分かれて練り歩くのですが、昔から暴力団も独自の半天を作り、祭りに参加していたのです。

以前は入れ墨をした男たちが神輿に乗って担ぎ手を煽ったりして、それが三社祭の恒例になっていた頃もありました。

しかし、平成一八年の宮出し中に、大勢の担ぎ手が神輿に乗り過ぎて担ぎ棒が折れるという事態となり、翌年の宮出しが中止されたのです。

また、それ以後、三社祭の開催を司る浅草神社奉賛会から本社神輿と町内神輿には乗らないようにとの通達が出されました。さらに暴力団排除条例の施行を受け、「神輿の担ぎ手は入れ墨を見せてはいけない」とか「半天に暴力団の組織名を入れてはいけない」などと規制してきましたが、まだまだ守られていないのが現状です。

各地区に事務所を構えるなどして、昔から地元にも影響力を持っている暴力団の中には、自分たちの知人など、神輿を担ぎたい者に祭半天を数万円で貸し出して資金源にしている組織もあると聞いています。

さらに、組織名の入った半天は、大勢の担ぎ手などに着せることにより、その暴力団の勢力を誇示するのにも利用されているのです。

また、昔から祭りにケンカは付きものと言われるくらい、毎年あちこちで担ぎ手同士のケンカが起こっています。

特に暴力団の息のかかった神輿同好会同士のケンカになると互いにメンツがあるため、引くに引けずケンカも派手になります。

私が初めて三社祭の警備に就いた平成一九年の時は、浅草寺境内の参道において宮出しの神輿を担ぐために並んで順番待ちしていた神輿同好会同士が、いきなりケンカを始め、五～六人を何十人もの担ぎ手が追いかけて殴る蹴るの暴行を加え、怪我を負わせるという事案が発生しています。

彼らは若いし力が有り余っているので、止めることはできません。巻き添えを食わないように自分の身を守るので精一杯です。

怪我をした者は、救急車で運ばれていきました。また、平成二一年の三社祭の時は、浅草寺境内での宮出しの際、神輿の担ぎ棒の取り合いで、暴力団の息のかかった神輿同好会同士が殴り合いのケンカをして怪我人が出ました。

担ぎ手が二〇〇人近くいる中でのケンカなので、誰も止めることなどできないのです。このようにケンカ早い神輿同好会や暴力団の息のかかった神輿同好会については、ホテルとしても宴会や食事会の申し込みなどは断ったほうが賢明なのです。

余談ですが、三社祭でケンカをして怪我したからといって、誰も被害届は出しません。祭りのケンカだからでしょうか。

実例⑬　黒塗り車両がズラリ

平成二八年二月の午後一時過ぎ、千葉ナンバーの黒色ベンツと川崎ナンバーの黒色レクサスがホテル正面車寄せに入ってきました。

そして、ベンツから一名、レクサスから二名が降り、喫茶室「スイートムーン」へ入っていきました。

さらにその後、二〇分くらいたってから横浜ナンバー、湘南ナンバー、相模ナンバーの黒色ベンツ三台と、相模ナンバーの黒色マジェスタ一台が車寄せに入ってきました。そして、それらの車からスーツ、ネクタイ姿の男ら計五名が降りて喫茶室へ向かい、先に入った三名の男と合流したのです。

見るからに暴力団関係者と思われたので、ホテル玄関前で立哨していた警備員が防災センターへ無線連絡を入れました。連絡を受けた私が防犯ビデオで再確認すると、喫茶室へ入った男たちは、喫茶室入口から入り突きあたりのテーブル席に六名が座り、ボディーガードと思われる配下の者二名が入口付近のテーブル席に座っていました。

そして、ボディーガードの二名は互いに話もせず、奥に座った幹部らのほうを見たり、喫茶室の入口のほうを見たりして警戒しているようでした。

これらの様子を見て、間違いなく暴力団関係者であると思いました。ほとんどの暴力団は、喫茶室に入ってくると奥の席に壁を背にして座りたがります。また、壁を背に座るのは、親分格など幹部です。

なぜかというと、壁を背にすると後ろに注意を払う必要はないし、敵が正面から来れば、すぐ身をかわすことができるからだろうと思います。

また、配下の者は幹部を見通すことができて入口も見えるテーブルに座るので、これも暴力団関係者を見分ける際の特徴の一つであると言えます。

暴力団関係者であると思っても、それをどのようにして確認するのかが難しいのです。彼らが乗ってきた車については、先に来た車のうち、ベンツは地下の駐車場に、レクサスはホテル南側道路に駐車しました。

さらに、後から来た車四台もホテルを一周し、同じく南側道路に駐車したのです。それで私は、ホテル南側道路に車列を組むように駐車していた五台の黒塗りの車のところへ向かいました。

運転手と話して、彼らが暴力団関係者である確証を得るためです。暴力団関係者が車で来ると、車をホテルの地下駐車場には入れずに、南側道路に止めることが多いのですが、それには、彼らなりの理由があるのです。幹部らがトラブルに巻き込まれた場合に、すぐ駆けつけられるからです。地下の駐車場に車を止めたのでは、幹部らが帰る際にすぐ車を回せません。さらに、地下は携帯電話が繋がらないことがあるからかもしれません。五台の車のところへ行き、運転手一人一人に対して「ここに車を止められるとホテルとして迷惑です。それに駐車違反にもなるんじゃないの。すぐに移動してくれませんか」と言いました。

するとニ台の運転手が「分かりました」と言って車を移動しましたが、他の三台はなかなか移動してくれませんでした。

それで、運転手の一人に対して「どこの暴力団関係者ですか」と聞いたら、「神奈川から来た」と言ったので、さらに「それじゃＨ会の方ですか」と聞いたら、「そうだ」と返事が返ってきました。

これで、やはり暴力団関係者だと確認することができたのです。なお、「Ｈ会の方ですか」と聞いたのは、Ｈ会の主な活動地域が神奈川県であり、彼らが神奈川県ナンバーの車両に乗っていたからでした。

それで私は、運転手らに対して「移動してくれないと浅草警察へ連絡するよ。早く移動して下さい」と告げ、その後、喫茶室へ向かいました。

ホテルに入っていくと、ロビーに三〇代の男二名が立っており、喫茶室の奥に座っている幹部のほうを見たり、ホテル内を見渡したりしていました。見るからに暴力団関係者でした。

私は、そんなところに立っていられては困ると思い、二人に対して「ここはホテルですよ。他のお客様に迷惑です。外に出て下さいよ」と注意しました。二人はまずいと思ったのか、すぐ外へ出ていきました。

その後、私は喫茶室へ入っていきました。そして、奥のテーブルに座っているスーツ姿の五〇歳から六〇歳くらいの幹部と思われる男らに対して「すみません、お客様、このホテルでは組関係者の方のご利用をお断りしています。帰っていただけますか」と告げたのです。

彼らは、ストレートにものを言う私を「誰なんだ」と思ったのか、一瞬キョトンとした顔をしましたが、「分かりました」と言ってきました。

私は胸ポケットに名札を付けているので、彼らはその名札を見てホテルの従業員だと分かったのでしょう。

その後、喫茶室を出て防災センターに戻り、防犯カメラで彼らの様子を見ていました。すると、まもなくして四名の男が喫茶室から出ていきました。しかし、残りの四名はまだ話し込んでいました。

それで、少し時間がたってから再び四名のところへ行きました。そして、彼らに対して「話が済んだら帰ってもらえませんか。喫茶室の入口に暴力団関係者はお断りとの看板があるのを知っているでしょう。浅草警察署へ連絡しますよ」と言ったのです。すると彼らの一人が「分かりました」と恐縮したように言って帰っていきました。

実例⑭　警察へ連絡してもいいですよ

平成二八年六月、午後四時半過ぎ、足立ナンバーの黒色ワンボックスカーがホテル正面車寄せに入ってきて、車両から黒色スーツ上下の恰幅の良い男三名が降り、喫茶室「スイートムーン」に向かいました。

男たちは、喫茶室へ入ると正面奥のテーブル席に座りました。壁側の席を空け、その席を取り囲むように座ったのです。

その五分後、ホテル南側道路に足立ナンバーの白色ワンボックスカーが止まり、後部座席から黒色スーツ、ネクタイ姿でメガネをかけた恰幅の良い男が一人降りてきて、南側出入口からホテルに入ると喫茶室へ向かい、先の三人と合流しました。

メガネの男は、壁側の空いている席に腰を下ろしました。親分格の男です。皆、スーツ、ネクタイ姿ですが、サラリーマンには見えません。暴力団関係者のように思えました。

男たちが乗ってきた車二台は、ホテル南側道路に駐車してあり、それぞれ運転手が乗っていました。いつも暴力団関係者が駐車する場所でした。

私は警備員から連絡を受けて喫茶室へ行き、男たちの様子を窺いました。一見して暴力団関係者と思われたので、車両に乗っている運転手のところへ先に行きました。運転手から暴力団関係者であるとの確証を得るためです。

運転手たちもスーツ、ネクタイ姿でしたが、彼らも一見して暴力団関係者と思われました。最初に、黒色車両の運転手に声をかけました。

若い運転手に対して「ホテルの脇に車を止めないでくれ。別のところへ移動してくれないかな。どこの組織の方ですか。移動しないと浅草警察に連絡するよ」と言いました。すると、運転手は笑いながら「そんなんじゃないですよ。移動しますよ」と言い、素直に移動してくれました。

その後、白色車両の運転手のところへ行き、同じように「ここに車を止められたら困る。今、山口組が分裂して抗争状態になっているからホテルとしても警戒している。どこの組織の方ですか。移動しないと警察へ連絡しますよ」と言いました。すると、若い運転手は「警察へ連絡してもいいですよ」と言い、その場から車を移動しませんでした。

「警察官が来れば、いろいろ聞かれるよ。移動したほうがいいんじゃないの」とも言ったのですが、運転手は頑として言うことを聞かず、車を移動しませんでした。暴力団側からすれば、骨のある暴力団員なのでしょうか。仕方なく、その場から携帯電話で一一〇番通報をしました。

それでも運転手は移動しませんでした。その後、私は防災センターに戻り、ビデオ監視を続けました。

数分たつと、制服の警察官が三名やってきて、その運転手に対して職務質問を開始しました。

五分くらいで警察官の職務質問は終わり、警察官三名は、その場を離れていったのです。

それから数分もしないうちに喫茶室にいた四名の暴力団関係者は足早にホテルを出て、二台の車両に乗り込み帰っていったのです。後で分かったのですが、彼らはＡ会系の暴力団関係者でした。

実例⑮　足に入れ墨

平成二八年八月の夕方、ホテル南側道路に黒色の乗用車二台が駐車しており、その運転手らしい男二名が、南側入口付近でうろうろしているのを川瀬警備員が発見したのです。見た感じ暴力団関係者らしいということで、防災センターに連絡が入りました。連絡を受けて私は、南側入口付近に直行しました。

すると、メガネをかけた若い二人の男が車の近くに立っていたので声をかけたのです。

一人は半袖シャツに半ズボン、もう一人はTシャツにジーンズ姿とラフな格好でした。ただ、二人とも短髪で顔つきもキリッとしており、暴力団関係者のように思えました。私は「このホテルは、暴力団関係者の入館を禁止しており、ホテルの利用も遠慮してもらっている。今、山口組が分裂して抗争状態にあるから特に気をつけている。あなたたちは、どこの組織の方ですか」と聞いたのです。

すると、半ズボンの男が「俺らは、そういう者じゃないよ」と答えてきました。さらに、男は「喫茶室にいる社長が出てくるのを待っている」と言ったのです。それで、喫茶室のほうに様子を見にいきました。

すると、喫茶室の奥の席に四人の男たちが座っていました。五〇代のメガネをかけた白色スーツ姿の男が壁を背にして座り、目の前の客人らしい男らに話しかけていました。一見して暴力団関係者のように思われました。その後、喫茶室入口の待合椅子に、三〇代の黒色Tシャツ、半ズボン姿の男が一人座っているのに気づきました。

よく見るとその男は、奥にいる男たちのボディーガードらしく、男たちの様子を見守っていたのです。ところが、半ズボンであったため足の入れ墨が丸見えでした。

それで暴力団関係者であると確信したので、喫茶室の男らのテーブルに近づき様子を窺った後、再び車の運転手のところへ行きました。

そして、「足に入れ墨をしている男は、あんたらの仲間だろう。あんな格好で喫茶室の入口に座っていられちゃ困る。仲間に連絡して、移動させてくれ。それにあんたらも暴力団関係者なんだろうから、喫茶室にいる親分に連絡して喫茶室を出るように言ってくれ。そうでないと、浅草警察に連絡するよ」と告げたのです。

すると運転手は「分かりました」と言い、携帯電話をかけ始めました。その後、再び喫茶室へ向かうと、白色スーツの親分らしい男が携帯電話で話していました。運転手と話していると思われました。

そのうち、喫茶室入口の待合椅子に座っていた入れ墨の男が親分らしい男のところへ行き、何やら話をしていました。その後、親分らしい男と客人らが立ち上がり、喫茶室から出ていきました。

それぞれ男らは、ホテル南側道路に待機していた二台の車に乗り込み帰っていきました。親分格の男は喫茶室を出る際に、喫茶室の従業員に対して「帰ってくれと言ってくれれば帰るよ」と不服そうに話していたそうです。

そして、彼らが喫茶室に来た最後の暴力団関係者でした。不思議に思われるかもしれませんが、それ以後、全くと言っていいほど喫茶室に暴力団関係者が来なくなりました。

私は、いつまで暴力団関係者に対して忠告を続ければ喫茶室に来なくなるのかなと思いながら排除活動をやってきましたが、彼らが最後でした。

暴力団関係者に声かけを始めてから約二年半かかりましたが、暴力団が喫茶室に来なくなったのです。以降、私が暴力団関係者に声かけすることはなくなりました。

宿泊のご利用をお断りします

次に暴力団関係者がホテルに泊まりに来た場合、どのようにして排除すればよいのかについてお話しします。

ホテルには、観光旅行で来る人、家族旅行で来る人、修学旅行で来る学生、結婚披露宴に出席するために来る人々など、様々なお客様が宿泊します。ホテルとしては、これらのお客様は大歓迎でしょう。

しかし、歓迎できない人たちもいます。客室を不法目的、犯罪目的などに利用する人や暴力団関係者などです。しかし、どこのホテルであっても同じでしょうが、フロント従業員が宿泊しようとする人を見て「この人は犯罪者である」とか「この人は暴力団関係者である」などと判断することは難しいと思います。

ですから、そうした歓迎できない人たちも含めて、一律にお客様として受け入れているのが実情でしょう。

宿泊客から犯罪者や不法目的者を排除するのは難しいかもしれませんが、暴力団関係者を排除することはできるのです。

なぜか。それは、ほとんどの暴力団員が警察に把握されているからです。

ですから暴力団関係者らしい者を発見したら警察へ連絡し、協力を得ることが大事なのです。

警察の協力なしにホテルから暴力団関係者を排除することは、無理だと思います。

ホテルに限らず、自ら暴排活動に取り組んでいる企業に対しては、警察も積極的に協力してくれるはずです。

では、どうすれば宿泊客から暴力団関係者を排除することができるのでしょうか。

結論から言いますと、**チェックイン時にお客様に記入してもらう「宿泊カード」や「宿泊申込書」に「私（私たち）は暴力団関係者ではありません」という項目を加え、項目の頭にチェック欄を設けることです。**

このチェック項目が暴排に力を発揮するのです。

ソリドール浅草でも宿泊カードに「私（私たち）は暴力団関係者ではありません」というチェック項目を入れたことで、暴排に大変役立っています。

では、なぜソリドール浅草が宿泊カードに暴排チェック項目を導入するようになったのか、その経緯についてお話しします。

ホテルに勤めてから私は、喫茶室にやってくる暴力団関係者に対して声かけをし、排除活動を行ってきました。その中で、宿泊客からも暴力団関係者を排除しなければならないと思ったのは、三社祭の時のホテルの様子を見てからでした。

三社祭には、神輿を担ぐために大勢の担ぎ手が集まります。その担ぎ手が所属する神輿同好会のかなりの数が暴力団の影響下にあると言われています。

そして、本社神輿渡御の日は早朝から準備するので、遠方から来る担ぎ手は浅草周辺のホテルに宿泊するのが慣例となっているのです。

当然、ソリドール浅草にも大勢の担ぎ手が宿泊します。その日のホテルの中は、三社祭を見物に来たお客様や担ぎ手、祭りに参加する人が出たり入ったりして賑やかです。

過去には、上半身裸で出入りする者がいたり、入れ墨を見せたりする者がいました。

それで、ホテルとしては、半天を着て出入りするようにお願いしていたのですが、なかなか守ってもらえず、中にはわざと入れ墨を見せたりする者もいました。

平成二七年の三社祭の時もホテル内は、見物客や担ぎ手が出たり入ったりして祭り一色でした。

そんな中、明らかに暴力団関係者と思われる男たちがホテルに出入りしているのを発見したのです。

普段着姿の親分らしい五〇代の男の周りに、半天を着た二〇代から三〇代の若衆が付いていました。一人は親分の半天を持ち、他の二人は親分を守るように周囲に目を配り、エレベーターで一階から客室階へと上がっていったのです。

また、彼ら以外にも暴力団関係者と思われる数名の男を見かけました。

ただ、どこの暴力団組織の者かは分かりませんでした。

ホテルには、地方から三社祭の見物に来る暴力団関係者も宿泊することがあります。

そんな状況を見ていたものですから、宿泊客からも暴力団関係者を排除しなければお客様の安心安全は守れないと思ったのです。

では、どうすれば宿泊客から暴力団関係者を排除できるのか。考えていたところ、過去にゴルフ場において、暴力団関係者のゴルフプレーを禁止しているにもかかわらず暴力団であることを隠して申し込み、プレーしたとして逮捕されている事案を思い出したのです。

それをホテルにも応用すれば、暴力団関係者を排除できると思いました。

そこで、前述した暴排チェック項目を導入すればいいのではないかと思いついたのです。この件について浅草警察署に相談したところ、当時の組織犯罪対策課の矢吹課長と吉岡課長代理も私と同じような考えで「暴力団を排除するために効果があるし、場合によっては詐欺罪で逮捕することもできますよ」とアドバイスしてくれたのです。

それでホテルに戻り、この暴排チェック項目を導入することについて総務課の渡辺支配人に相談しました。

支配人は浅草地区の暴力団情勢に詳しい人で、暴力団排除に理解がありました。支配人も私の意見に賛成してくれ、暴排チェック項目の導入について上司に具申し決裁を仰いでくれたのです。また、当時の浅川総支配人も暴力団排除に関して積極的だったため、具申案件は即決されました。

その結果、この「暴排チェック項目」がホテルの宿泊カードに追加されることになったのです。

ここで、この暴排チェック項目を取り入れたことによって効果があった実例についてお話しします。

実例⑯　このホテルヤバいよ

暴排チェック項目導入後の、平成二八年六月の昼過ぎ、暴力団関係者らしき男たちが乗車した黒色のワンボックスカーが二台、ホテル玄関車寄せ前を通り過ぎ、地下の駐車場に入ったのです。

ホテル前でそれを目撃していた中野警備員から「暴力団関係者らしい男らが地下駐車場に入っていった」と、防災センターに連絡が入りました。

そして、防災センターで防犯カメラを監視していた黒山警備員が、暴力団関係者のその後の行動をカメラで追跡したのです。

すると、地下二階の駐車場出入口からホテルに入り、エレベーターで一階のフロントに来る状況が確認できました。

黒山警備員から連絡を受けて、私もその状況を防犯カメラで確認しました。そして即座に「彼らは暴力団に間違いない」と確信しました。

親分格の男は五〇代で、白色のパナマハットを被り、白のスーツ、白色革靴という白ずくめの姿で、サングラスをかけていました。

その男を取り囲むように、三〇代から四〇代の黒色スーツの男三人が付き添っていました。その他に、三〇代のグレースーツの男が一人連れ立っていました。なぜこの男らを「暴力団である」と確信したかというと、黒色スーツ姿の三人が手に防弾鞄を持ち親分を護衛するように歩いていたからです。

防弾鞄は、暴力団が抗争時に親分ら幹部クラスの身をけん銃などの攻撃から守るために使うものだからです。

まさかホテル内でこのような光景を見ようとは、思いもよりませんでした。彼らが相当警戒していることが窺えました。

そして、前年八月から山口組が分裂して抗争状態にあるとの情報もあることから、彼らは「山口組関係の暴力団ではないか」と思ったのです。

そんな連中がホテルに宿泊したら大変なことになります。彼らの行動を見ただけで、お客様は不安になるだろうと思いました。

万一、ホテル内で事件が発生すれば、大変な騒ぎになります。絶対に宿泊させてはいけないと思いました。

彼らの様子を見ていると、グレースーツの男と黒色スーツの男二人がフロントで宿泊の申し込みをしていました。

他の男一名は、親分に付き添ってホテルの玄関のほうに歩いていきました。それを見て私は、駆け足でフロントに飛んでいき、宿泊の申し込みを終えたばかりのスキンヘッドの黒色スーツの男に対し「どこの暴力団ですか。暴力団は、このホテルに泊まれば逮捕されるよ」と強く警告しました。

いきなり「どこの暴力団ですか」と言われて、男は面食らった顔をしていました。

その後、フロントでチェックインの手続きをしていたグレースーツの男のところへ行き

「このホテルには、暴力団関係者は宿泊できないよ。逮捕されるよ」と警告しました。すると男は「俺は暴力団じゃない」と言って、そのまま宿泊の手続きを進めました。

私は、グレースーツの男をそのままにしておいて、先ほど警告したスキンヘッドの男と、もう一人の坊主頭の男が玄関を出ていったので、その後を追ったのです。

玄関を出ると二人は、ホテル南側階段のところにいた親分格の男と配下の男一人と合流しました。

そして、配下の男三人が防弾鞄で親分格の男をガードしながら南側道路を横切ろうとしていたので、追いかけて声をかけました。

「あんたらどこの暴力団ですか。今、山口組が分裂して抗争状態になっているのを知っているだろう。だから、ホテルとしても警戒している。このホテルには暴力団は宿泊できないんだよ。遠慮してもらっている」と言うと、配下の一人が「俺たちはそういう者じゃないよ」と言ってきたのです。

しかし、防弾鞄を持っているのは暴力団関係者以外に考えられず、私は「見れば分かるんだよ、防弾鞄など持っている一般人などいないよ。今度ホテルに戻ってきたら逮捕されるよ」と続けざまに言うと、親分格の男と配下の一人が足早に立ち去り、続いて配下の者二名が、ニヤニヤ笑いながら立ち去っていったのです。その後、私は再びフロントに戻りました。

そこには、宿泊の手続きを終えたグレースーツの男がいました。

再びグレースーツの男に声をかけました。「このホテルでは暴力団の宿泊を断っている。暴力団じゃないのかな」と言うと、男は「俺は暴力団じゃないよ。神奈川で会社を経営している。このホテルはよく利用している。今日は鳥越まつりの関係で客人を接待している」と言ってきたのです。

ただ、先ほどの男たちが暴力団関係者であることは否定しませんでした。

それで、男に対して「暴力団員がホテルに泊まれば逮捕されるよ。チェックインしたあなたも、暴力団と知っていて宿泊させたのだから共犯者として逮捕されるよ」と忠告したのです。

するとは男は「泊まらないで、部屋の中で酒を飲むだけなら大丈夫ですか」と聞いてきたので、「このホテルでは暴力団が入ること自体を禁止している。駄目だよ。逮捕されるよ。先に帰った暴力団たちにもよく言っておいてくれ」と忠告し、別れたのです。

その後、この状況の一部始終を総務課の支配人に報告しました。その後、先ほどの暴力団がホテルに戻ってくるかもしれないと思い、警戒態勢を取ったのです。

しかし、暴力団たちはホテルには戻ってきませんでした。翌日、防犯ビデオで確認したところ、朝方にグレースーツの男一人がフロントにやってきて、予約しておいた三部屋分の宿泊料金を支払って帰っていくのが確認できました。

このように、宿泊前に暴力団関係者と分かれば忠告してホテル利用を断るべきなのです。それは、暴力団関係者にとっても詐欺罪で逮捕されるのを免れるわけですから、文句を言う者はいないでしょう。

今回のグレースーツの男にしても、泊まらないのに宿泊料金を支払わなければならず損をしたようですが、忠告されたおかげで全員が逮捕を免れたわけですから文句を言ってくることはないと思いました。

なお翌日、フロント係員が「昨日、スキンヘッドの男が宿泊予約をした際に、別の男に『このホテルはヤバいよ』と言っていましたよ」と話してくれました。このように、暴排チェック項目は暴力団関係者を牽制するのにも役立つのです。

理容室のご利用をお断りします

次は、ホテル内の理容室から暴力団関係者を排除したことについてお話しします。

ソリドール浅草に勤務した時から懸念されていた案件がありました。

それは、前任者から「ホテルの二階にある理容室に、都内に事務所を構える片岡組の片岡組長や何人かの暴力団が出入りしている」との引き継ぎがあったからです。

しかし、組長は月に一度くらいしか理容室に来ていないので、なかなか顔を合わせることはありませんでした。

実例⑰　高目から物言うんじゃないよ

初めて片岡組長と顔を合わせたのは、平成二六年の夏頃です。

ホテル一階を巡回していると、片岡組長が一人で一階から二階にエスカレーターで上がっていくのを発見したのです。

私は、やはり片岡組長は理容室に来ているんだと思い、組長を追ってエスカレーターで二階に上がりました。そして、理容室のほうにゆっくり歩いていく組長の後ろから「組長、久しぶりです」と声をかけました。

すると組長は後ろを振り向き、私の顔を見ると「おう」と返してきました。そこで、組長に「今年からソリドール浅草で働くことになったのでよろしく」と言うと、組長も「あ、よろしく頼むよ」と言ってきたのです。

次に私は「このホテルは、暴力団関係者の出入りはまずいんじゃないの」と組長に言いました。顔見知りではあっても忠告しなければならないのが、私の仕事です。

すると組長は「高目から物言うんじゃないよ」とムッとした顔をしました。私の言い方が気に障ったようでした。

そして「前任者から引き継ぎ受けているだろう。俺は二〇年以上も前からこの理容室に来ているんだよ。理容室くらい来たっていいだろう」と言いました。

私は「組長が理容室に来ていることは聞いているよ。しかし、出入りを許可したとは聞いていない」と言い返しました。

それに対して組長は「月に一回くらいしか来てないし、あんたが見て見ぬふりすればいいことじゃないか」と言ってきたのです。それに対して「しかし、このホテルは、暴力団関係者は出入りできないんだよね」と重ねて言ったのです。

すると組長は、承知していることを重ねて言われたため「だから高目から物を言うなと言ってんだよ」と再度、きつく言い返してきました。

私は暴力団担当が長かったので、普通に話しているつもりでも相手にとっては上から目線で聞こえるのかもしれないと思いました。そして、これ以上組長と話していても平行線のままだと思い、「よろしく頼みますよ」と言って組長と別れたのです。

その後、組長は理容室へ行きました。

暴力団が理容室に月に一回くらい来てもいいじゃないかと思う人もいるかもしれません。しかし過去に、理容室に来ていた暴力団が抗争中だった対立組織の者に襲われるという事件があったのです。

それは、平成八年一〇月京都府八幡市の理髪店で起きたY組大幹部の川野会会長襲撃事件です。

この頃、Y組と京都に本部を置くI会とが抗争状態にありました。互いに関係事務所を銃撃したり、組員同士が銃撃を繰り返すなど、激しい抗争になりました。

そして、川野会長が八幡市内の理髪店で散髪していたところをI会系組員が襲撃したのでした。

理髪店では、暴力団関係者といえども無防備な状態なのです。一番狙いやすいシチュエーションなのかもしれません。

結果的には、この襲撃で川野会長のボディーガードが応戦してI会系組員を射殺し、川野会長は無事でした。

なお、この抗争中に私服で警戒に当たっていた京都府警の警察官が、I会系組員と間違えられてY組組員に射殺されるという痛ましい事件も起きています。

このように暴力団関係者が利用する理髪店は、暴力団同士による襲撃事件に巻き込まれることもあるのです。

過去にこのような事件があったことから、いずれはホテルの理容室からも暴力団関係者を排除しなければならないと思っていたのです。

その後、しばらくはホテル内で片岡組長と会うことはありませんでした。二度目に会ったのは、平成二六年の一〇月頃だったと思います。

ホテル一階の喫茶室「バルバラ」の前を巡回していた時、散髪を終えてホテル裏口から出ていこうとしていた片岡組長と会ったのです。

私が「しばらくですね」と言うと、組長も「おお」と返してきました。その組長に対して「組長、頼みますよ」と言ったのです。「頼みますよ」とは「暴力団関係者はホテルへの出入りは禁止ですから、理容室にも出入りしないで下さい」という意味です。組長は意味をすぐに察し、「だから、この前も言ったろう。俺は二〇年以上もこの理容室に来ているんだよ。あんたが見て見ぬふりすれば済むことだろう」と、以前と同じことを言ってきたのです。

「それはできない。私の仕事ですから」と言うと、組長は「俺だって若い衆には、このホテルへ行かないように言っているんだよ」と返してきました。「だから、俺が理容室に来るくらいは大目に見てくれよ」という意味合いでした。

それに対して「若い衆がホテルに来ないのは助かっていますよ」と礼を言いましたが、片岡組の数名の幹部は時折喫茶室に来ていました。

その後、組長は歩いてホテル裏口から出ていきました。

私としては、何としても理容室から暴力団関係者を排除しなければならないと重ねて思いました。

それで総務課の支配人に、暴力団関係者をお客様として入れないようにホテルから理容室の社長に申し入れをするよう頼んだのです。

支配人も理容室に片岡組長やその配下の者など暴力団関係者が出入りしていることを知っていたので、私の申し入れを分かってくれました。支配人自身も、どうやったら暴力団関係者が理容室に来なくなるのか思案していたと思います。

そんな折、平成二八年二月、私が防災センターにいた時、ホテル南側道路に黒色のワンボックスカーが止まりました。

そして、メガネをかけ黒色コートを着た男とその若衆らしい二人の男が車内から出てきて、ホテル内に入ってくるのが防犯ビデオに写ったのです。

メガネをかけた男は、過去に会ったことのある鬼頭組長でした。これはまずいなと、私は思いました。

というのは、鬼頭組長が山口組関連組織の幹部だったからです。

この頃、六代目山口組から神戸山口組が内部分裂して互いに抗争状態にあり、各地で殺人事件や傷害事件等を繰り返していました。

その関連組織の鬼頭組長がホテルに来たとあっては、ホテルとしても放っておけません。

取りあえず私は、警備員に鬼頭組長の動向をビデオで監視するように指示し、ホテル南側に止まっている黒色ワンボックスカーのところへ行きました。

そして私は、見覚えのある運転手に対して「組長は何の用事でホテルに来たの」と聞きました。運転手は「理容室ですよ」と言いました。

運転手に言っても仕方ないとは思ったのですが、「このホテルは、暴力団の出入りは禁止だよ」と注意しました。

その後、再び防災センターに戻り、ビデオで組長の動向を追いました。すると、ホテル一階のエスカレーターに組長を先頭にして若衆が続き、二階の理容室へ向かう姿が写っていました。

その後、私は二階の理容室やホテルの周りを警戒しながら組長らが出ていくのを待ち、警備員にもホテルの周りを警戒するよう指示しました。

このホテルで前述したY組とI会による発砲事件のようなことが起こっては、大変だからです。

組長らは三〇分ほどで帰りました。私はこの状況を総務課の支配人に説明し、「このまま理容室に暴力団関係者が来るのを放っておくと、大変なことになりますよ。理容室の社長に暴力団関係者を入れないようにお願いしたほうがいいですよ」と再度進言しました。

抗争中の山口組関連組織の者がホテルに入ってきたと聞いて、支配人もなんとかしなければと思ったのでしょう。分かってくれました。

それで支配人は上司に話した上で、浅草警察署の組織犯罪対策課に相談することにしたのです。すると、暴力団対策課の笹本係長らは「警察から理容室の社長に話してみましょう」と、二つ返事で引き受けてくれたのです。

その後、平成二八年四月、笹本係長らがホテルを訪れ、総務課支配人や私たちと共に理容室の社長に対して「東京都暴排条例や暴力団排除の重要性」などについて説明してくれました。

すると社長は「私も前々から、どうしたら暴力団関係者の出入りを断ることができるのかと悩んでいたのです。これを機会に、今後は暴力団関係者の入店を断ります」と言ってくれたのです。その後、理容室の社長や店長らが、予約を入れてきた暴力団関係者に対して「警察の指導やホテルの要請もあり、理容室のご利用をご遠慮願います」と伝えて断ったと聞いています。おそらく、暴力団関係者からはいろいろと文句を言われたことと思います。

この件では、私も片岡組長から苦情を言われています。

実例⑱　もう、昔と違って時代も変わったんですよ

それは、平成二八年七月頃のことでした。午後四時頃、私が防災センターにいた時、フ

ロントの女性従業員から「よく見かける暴力団風の男が、喫茶室に来ていますよ」と連絡があったのです。

早速、喫茶室「スイートムーン」へ向かいました。すると、右側奥のテーブル席に白ワイシャツ、スーツ姿の片岡組長が一人で座っていました。私の顔を見ると「客人と待ち合わせているんだ。長くはいない。話が済んだら帰るから頼むよ」と言ってきました。

それに対して「頼みますよ。今は時代が違うんだから、防犯カメラに写っているのですぐ顔が分かるんですよ。暴力団が来たら浅草警察に連絡することになっているのですから」と言うと、組長は「分かったよ。俺も若い衆には、このホテルに行かないように言っているんだ。協力しているんだよ」と言いました。

そして「ところで、俺が二階の床屋に行けないようにしたのはあんただろう」と話を切り替えてきました。

さらに「警察へ連絡したのはあんただろう。床屋の社長は、ホテルの警備からも言われたと言っていたよ」と恨み節を言われたのです。

確かに私は、暴力団関係者を理容室から排除しようと積極的に動いたので、組長の言葉

料金受取人払郵便

大阪北局
承　　認

1357

差出有効期間
2020 年 7 月
16日まで
（切手不要）

郵便はがき

553-8790

018

大阪市福島区海老江5-2-2-710

㈱風詠社

愛読者カード係 行

ふりがな お名前		明治　大正 昭和　平成　年生　歳	
ふりがな ご住所	□□□-□□□□	性別 男・女	
お電話 番　号		ご職業	
E-mail			
書　名			
お買上 書　店	都道府県　市区郡	書店名 ご購入日	書店 年　月　日

本書をお買い求めになった動機は？

1. 書店店頭で見て　2. インターネット書店で見て
3. 知人にすすめられて　4. ホームページを見て
5. 広告、記事（新聞、雑誌、ポスター等）を見て（新聞、雑誌名　　　）

風詠社の本をお買い求めいただき誠にありがとうございます。
この愛読者カードは小社出版の企画等に役立たせていただきます。

本書についてのご意見、ご感想をお聞かせください。
①内容について

②カバー、タイトル、帯について

弊社、及び弊社刊行物に対するご意見、ご感想をお聞かせください。

最近読んでおもしろかった本やこれから読んでみたい本をお教えください。

ご購読雑誌（複数可）	ご購読新聞 新聞

ご協力ありがとうございました。

※お客様の個人情報は、小社からの連絡のみに使用します。社外に提供することは一切ありません。

を否定しませんでした。

ただ、組長に対して「もう、昔と違って時代も変わったんですよ」と言いました。それに対して「それは俺も分かるけど」と、理解を示してきました。組長も昔はホテルの喫茶室に来ても誰も苦情を言わなかったけれど、最近は年々暴力団排除の機運が高まり、東京都暴力団排除条例も施行されるなどして、暴力団にとっては厳しい時代であることを十分承知しているようでした。

私は組長に「よろしく」とだけ言って、喫茶室を出ました。その後、防災センターで防犯カメラを見ていると、しばらくして頭の禿げた六〇代の男が組長のところへやってきて話し込みました。

一五分くらいして帰ろうとしたので、私も喫茶室のほうに行きました。組長は私の姿を見ると「お礼」の意味で手を上げて挨拶し、その後、客人をホテル玄関の車まで送ると徒歩で帰っていきました。

この日以降、ホテルの喫茶室でも二階の理容室でも、片岡組長の姿を見かけることはなくなりました。

片岡組長も、私の立場を分かってくれたのかなあと思いました。

数ヶ月後に理容室の社長や店長に会った際、「最近、理容室に暴力団関係者は来ていませんか」と聞いたところ、「全く来なくなりました」と笑顔で答えてくれました。

第2章

対策編「どうすれば暴力団が来なくなるのか?」

ここまでは喫茶室や宿泊、理容室などにやってきた暴力団関係者の排除について説明してきましたが、ここからは結婚式場や宴会などから関係者を排除するための対策について実例を交えてお話ししていきます。

基本的対策

暴排は、この二大対策で対処せよ

暴排の二大対策についてお話しします。その前にまず、ホテルに来るお客様の中でどのような人が暴力団関係者なのかということについて、従業員がある程度知識を持っていないと彼らを排除することは難しいと思います。

そこで、参考までに私が暴排活動を通して知り得た暴力団関係者を見分けるための着眼点についてお話しします。

どこで分かるの？　暴力団

服装

ラフな格好で来る時もあれば、ビシッとスーツ、ネクタイ姿で来る時もあります。

地元の暴力団関係者などは、ジーパン姿などのラフな格好で気の合った仲間と喫茶室や食事に来ていました。

夏などは、短パンやシャツの間から入れ墨が見えることもあるでしょう。

中には、わざと入れ墨を見せる者もいます。

スーツ姿で来る場合は、暴力団組織の会合の帰りや大事な客人の接待など、仕事の話の時が多いようです。

前述したように、〇会の関係者らが大勢喫茶室に立ち寄った時は、皆スーツにネクタイ姿でした。この時は〇会の定例会の帰りでした。

また、地方ナンバーの車両で来る暴力団関係者にはスーツ姿で来る者が多かったです。格式あるホテルへ行くという意識があるからなのでしょうか。

髪型については、暴力団関係者は総じてきちっとしています。ボサボサの髪をした暴力団関係者を見たことがありません。

運転手やボディーガードなどの若衆は、今風の刈り上げた短髪が多かったです。

一見怖そうに見えるメガネをかけている者もいます。

手には小さめの黒色革製の鞄、例えばクロコダイルの鞄などを持っている者もいます。

言動

ヤクザ社会は、親分子分、兄貴舎弟の上下関係がはっきりしており、話す言葉を聞いていれば分かります。一般社会と違い、親分子分の間で対等な口を利くことはありません。配下の者は上の者に対して気をつかって話しているはずです。それだけでも、一般のお客様同士の会話とは違うということが分かります。

また、話の中に暴力団の組織名が出てきたり、その世界特有の言葉で話すこともあるので、食事やコーヒーを出す際に話している言葉に注意するとよいでしょう。あからさまに「親分」と言うことはないと思いますが、「兄弟」「舎弟」「叔父貴」「姉さん」などというような言葉を使うかもしれません。

警察ならば「サツ」と言ったり、刑事ならば「デカ」と言ったりするでしょう。私のことを言うなら「元浅警のデカ」（元浅草警察署の刑事）となります。

また、暴力団関係者がホテルに来る時、普通は周りのお客様にある程度気づかいするのですが、中にはわざと乱暴な口調になる者もいます。

ホテルに入ってくる時に、携帯電話で大声で話しながら入ってきた暴力団関係者もいました。口調が乱暴ですから、ホテル関係者もお客様もすぐに気がつきます。

自分が暴力団関係者であることを誇示したいのでしょう。

周りに一般のお客様がいる喫茶室でも携帯電話で大声で話す暴力団関係者も中にはいます。

四、五名が喫茶室に入ってきてからテーブルの周りに立って、挨拶を交わす者もいました。親分らしい男に対して若衆がそれぞれ気合いを入れて挨拶しており、それだけで暴力団関係者と分かります。

その他、喫茶室で親分や幹部が若衆を大声で叱ったりすることもありました。その時は、興奮して周りのお客様のことなど気にしていないので、叱る言葉ですぐに一般人でないと気づきます。

態度

体を張って生きているからでしょうか、暴力団関係者は一人で歩く時も連れ立って歩く時も堂々としているので、態度が大きいように見えるかもしれません。

ソリドール浅草では、暴力団関係者が一人で喫茶室などに来ることはありませんでした。最初に一人で来ても、必ず後から待ち合わせた暴力団関係者や客人が来ていました。

また、暴力団関係者が喫茶室に来た時は、壁際の奥のテーブル席に好んで座ることが多かったです。

特に親分子分など上下関係のある者が来た時は、壁を背にして親分が座り、その向かい側に子分が座っていました。

大勢で喫茶室に来た場合、配下の者は親分の近くのテーブル席に座って親分のガードに当たる場合が多いですが、逆に配下の者だけが入口付近のテーブル席に座る場合もあります。敵対する者が来れば、入口で食い止めることができるからです。

前述しましたように、私が喫茶室に来た顔見知りの暴力団幹部に声をかけながら親しく肩に手を触れたところ、隣のテーブルに座っていた若衆二名がすぐに立ち上がったことがあります。

それは、近くにいる若衆が常に親分などをガードする態勢に入っているということです。

私が幹部の知り合いだと分かると、二人はすぐに腰を下ろしました。

また、親分たちだけが喫茶室にいて若衆が近くに座っていなかった時は、ホテルロビーに二名の若衆が立って警戒に当たっていたことがありました。二人の動きは一般のお客様とは違って不自然ですので、すぐに暴力団関係者であると分かりました。それで、二人に「喫茶室に親分か幹部の人が来ているの？　悪いけど外で待機してもらえませんか」と言って、ホテルの外に出ていってもらったことがあります。

また、私が本部勤務をしていた時、けん銃の共同所持でＳ組の大幹部を逮捕した事件に従事したことがありました。その時も、親分らが歩いている前後を若いボディーガード四、五名が近づかず離れずの距離でガードしていました。

このように親分らが行動する時は、周りに若衆が付いていることが多いのです。

その他、行動における特徴としては、親分は自分で鞄や荷物は持たないことが多いでしょう。配下の者が持ちます。喫茶室などの代金も配下の者が支払うでしょう。

夏場は薄着のため背中や腕などの入れ墨が見えることがあります。

左手小指が欠損している者もいたし、左手小指に包帯を巻いている者もいました。

喫茶室で互いに名刺交換している者もいたし、芸能人のディナーショーの打ち合わせをしている者もいました。昔もそうでしたが、現在も暴力団にとって芸能界の興行は、利権の一つなのでしょう。

車両

暴力団関係者が乗ってくる車両で多いのは、黒色ワンボックスカーや黒色高級乗用車などです。時折、白色車両も見かけましたが、ほとんど黒色車両でした。黒色のほうが重厚さが感じられるからでしょうか。

昔は、ベンツなどの外車が多かったようですが、最近は、アルファード、レクサスといった国産車が多いです。

車両ナンバーについては、それほど偏りはありませんが、「・・・8」「・・・3」などの一桁数字が好まれているようでした。

親分が車両で移動する場合は、ボディーガードたちが親分の車両の前後を挟んで動くことが多いでしょう。

ホテルに車両で来た場合には、親分たちが降りた後に車両を駐車場に入れることは少なく、ほとんどがホテル脇の道路に駐車していました。当然、車両には運転手が待機しており、いつでも携帯電話で連絡を取れる状態でした。親分たちの身に何かあれば、すぐに駆けつけられるので道路に駐車しているのだと思われました。

以上のような着眼点を参考にして、暴力団関係者の発見に努めてほしいと思います。

①暴排看板等の設置

「当ホテルは、暴力団関係者のご利用を固くお断り致します」

まず最初にやってほしい対策は、「暴排看板」の設置や「暴排表示」（以降、「暴排看板」と「暴排表示」を併せて「看板等」と表記することもあります）です。

看板等は、ホテルへの全ての入口に設置することです。

表示内容は**「当ホテルは、暴力団関係者のご利用を固くお断りしています」**などと排除意思を強く示すことです。

場合によっては、**「警察に通報することもあります」**と加えてもよいでしょう。

ただし、その際は、事前に管轄の警察署と協議して協力を要請しておくとよいと思います。

地下駐車場からホテルに入る入口に設置することも忘れないで下さい。

また、館内の喫茶室や料理店、テナントなど、暴力団関係者が利用すると思われる場所の入口にも看板を置いて下さい。

このように二重に看板等を設置すると、さらに効果があります。

なお、表示は誰の目にもすぐに分かる大きさの文字で、目の位置の高さに設置することです。

実例②で述べましたが、喫茶室にいる暴力団関係者に対して入口の看板を当然見ていると思って、暴力団関係者は遠慮してもらいたい旨を告げたところ、「何が？」ととぼけられたこともあります。ですから、それに対して言い返すことができるように、目の位置の高さに設置しておく必要があります。

そうしておけば、「看板の字が見えなかった」などと言い逃れすることができなくなります。

それでは、この「暴排看板」や「暴排表示」の対策を取れば万全かというと、そうでもありません。

この看板等を見たからといって引き返す暴力団関係者など、ほとんどいません。なぜでしょうか？　それは、彼らが暴力団関係者だからとしか言いようがありません。

彼らは看板等を見ても「関係ないよ、ホテルの従業員には俺たちが暴力団とは分からないだろう。声をかけてくる従業員もいないだろう」というぐらいにしか思っていないからです。

それじゃ看板等は役に立たないと思われるかもしれませんが、それらは暴力団関係者を排除するために絶対欠かせないものなのです。

それは、この看板等があれば暴力団関係者に「当ホテルでは暴力団関係者のご利用をお断りしているのですよ」とか「今後はホテルのご利用を遠慮してもらえますか」などと忠告できるからです。

ソリドール浅草には、以前からこの看板等が設置してありました。だから私は暴力団関係者に声かけできたのです。

看板等がないのに忠告したら、暴力団関係者から「失礼なこと言うんじゃないよ。どこに暴力団が利用しては駄目だと書いてあるんだ。責任者を呼べ」と反撃されたでしょう。平謝りしたところで、済まないかもしれません。

ですから、暴排看板や暴排表示が必要なのです。

この看板等は、警察官で言えば「警察手帳」と同じです。この「警察手帳」が後ろ盾にあるからこそ、暴力団排除活動ができるのです。

つまり、この看板等を設置することが一番最初にやるべきことなのです。

②暴力団関係者への声かけ
「当ホテルでは、暴力団関係者のご利用はお断りしています。次からご遠慮願えますか」

次は、暴力団関係者に対する声かけや忠告についてお話しします。

実例を読んで分かったと思いますが、ホテルの入口に暴排看板があっても、ほとんどの暴力団関係者はやってきます。

ですから、声かけをやらないといつまでも暴力団がホテルにやってきます。

何と言って声かけすればいいのでしょうか。是非、私がやってきたことを参考にしていただき**「当ホテルは、暴力団関係者の方のご利用をお断りしています。今日はいいですが、次からご遠慮いただけますか」**などと、丁寧にお断りすればよいでしょう。

その時、彼らが暴力団関係者であれば、「分かりました」と答えるはずです。そして彼らは、話が終われば帰っていくでしょう。中には、話を中断して帰っていく者もいました。

また、ほとんどないとは思いますが、暴力団関係者が忠告されたことに対して「失礼なこと言うな、俺たちは客だぞ」と怒ったらどうするか？　その場合は、「帰っていただけないなら警察に連絡します」と告げることです。彼らが本当に暴力団関係者であれば、警察が来る前に帰るはずです。

ただし、暴力団関係者でない人に対して、前述のような忠告をしてはいけません。間違って忠告すると、一般のお客様とはいえ「失礼じゃないか。このホテルは客を暴力団呼ばわりするのか。責任者を呼んでこい」と怒らせてしまうでしょう。その後の対応が大変になりますので、くれぐれも注意が必要です。

では、この声かけを誰がやればいいのか。当然、暴排看板を設置しているホテルの従業員がやらなければなりません。しかし、この声かけがなかなかできないのです。

なぜかというと、暴力団関係者に免疫がないからだと思います。これは、どこのホテルの従業員も同じだと思います。

さらに、ホテルの従業員が声かけできないのは、「暴力団関係者に間違いない」との確証が持てないからだと思います。

では、どうすればいいのか。ホテルの従業員の中で暴力団関係者に物が言える人がいれば、その人に任せればいいと思います。ただし、その人だけに任せるのではなく、複数の人で対応することを忘れないで下さい。

そのような人がいないのであれば、私のような警察官ＯＢを雇うことが必要かもしれません。しかし、警察官ＯＢなら誰でもいいかというと、そうではありません。

暴力団関係者の取締りや対策などに従事してきた人や、暴力団関係者に対して積極的に物が言える警察官ＯＢが適任だと思います。

ただ、先ほどから話してきたように、ホテルの全ての入口に「当ホテルでは、暴力団関係者のご利用を固くお断りします」との暴排看板や暴排表示がなければ、声かけができません。

私は今まで暴力団関係者と思われる人たちに対して何度も声かけをしてきました。そして、思ったとおり彼らは皆暴力団関係者でした。

やはり、一般の人よりも暴力団関係者に関して知識があったから声かけすることができたのかもしれません。

ただ、言えることは、警察ＯＢであれ、ホテルの従業員であれ、直接暴力団関係者に対して声かけしないと、いつまでも彼らを排除することはできないということです。

さらに暴力団関係者は、一度忠告したからといって必ずしも来なくなるというわけではありません。

中には一度の忠告で来なくなる者もいますが、何度忠告してもやってくる者はいます。ですから、その都度忠告するのです。四、五回忠告した者もいました。

そして、「何度言っても分かってもらえないなら、建造物侵入で逮捕されるよ」と牽制したこともあります。

実際には喫茶室などにやってきた暴力団関係者の中で逮捕された者はいませんが、何度忠告してもやってくる暴力団関係者については、そのやりとりを録音しておくとよいでしょう。暴力団関係者に対する忠告の様子は防犯カメラに録画されているので、それを証拠として警察に相談すれば逮捕することができるかもしれません。

暴力団関係者に対する声かけは、本当に効果があります。私は平成二六年四月から暴力団関係者に対して声かけを続けてきたのですが、平成二八年九月を境に暴力団関係者がホテルに全く来なくなったのです。

ただ、一組だけ私がいない時に喫茶室に来た暴力団関係者がいました。

それは、平成二九年一二月のことです。

その日の昼過ぎ、横浜ナンバーの黒色アルファード他二車両がホテル玄関車寄せに入ってきて、車内から五人の暴力団風の男たちが降り、喫茶室へ入っていきました。

男たちは、喫茶室に入ると左奥のテーブルへ向かいました。その時、後から入ってきた配下の者が、喫茶室の入口に置いてあった暴排看板に気づいたのです。そして、そのことを五〇代の幹部らしい男に伝えたのです。

すると、その幹部らしい男が、喫茶室の従業員に対して「ここは、暴力団関係者は駄目なの？」と聞いてきたのです。それに対して、従業員が「そうです。駄目なんです」と答えると「それじゃ、帰ろう」と言って、テーブル席に座ることなく全員帰っていったのでした。

その件以外には、今日までホテルに暴力団は来ていません。

彼らにしてみれば、ソリドール浅草の喫茶室へ行っても、すぐに「遠慮してくれませんか」と言われるのでゆっくり話もできないし、気分の良いものではないと思ったのでしょう。それで来なくなったのかもしれません。

噂では、ホテルに来ていた地元の暴力団関係者は、街中の喫茶室を利用しているとのことでした。

このように「このホテルでは、暴力団関係者のご利用をお断りしているのですよ」と何度も断れば、分かってくれるのです。

具体的対策

この六つの対策で万全を期せ

①社員に対する暴排教育

ホテルの社員に対して「暴力団関係者からお客様を守る」という意識付けを徹底することです。社員がこの排除意識を持っていないと、暴排対策の効果は半減してしまいます。

では、どんな内容の教育をすればいいのか、見ていきましょう。

・現在の暴力団の情勢やホテルを取り巻く暴力団の環境について
・暴力団関係者との交際の禁止について

・暴力団関係者を発見した場合の対処方法について（誰がどのように対処するのか、暴力団関係者を見つけた時の連絡の重要性、体制の構築など）
・ホテルにやってくる暴力団関係者に対する情報の共有について

ただ、社員教育の中で「暴力団関係者からお客様を守る」という意識付けについては、ホテルの責任者らが行うのがよいと思いますが、暴力団の情勢等については地元の警察署にお願いしたほうがいいかもしれません。

各警察署には暴力団対策を専門に担当する係員がいるので、最近の暴力団の情勢や暴力団関係者に関する様々な情報を把握しています。

それに、警察は社会から暴力団関係者を排除することについて強力に推進しているので、企業からの要請があれば「暴力団関係者に対する排除方策等」について講話や指導をしてくれるはずです。

実際に暴力団関係者を担当している人の話は、必ず役立ちます。

暴力団についてあまり知識のない上司が「暴力団関係者とは交際しないようにしましょ

う」と言っても、社員としては実感が湧かないでしょう。

それが警察の暴力団担当の方であれば「暴力団と交際すれば、こんなことに巻き込まれますよ」とか「暴力団と関わりを持ちそうになった場合は、このように対処しましょう」と実例を挙げて説明してくれると思います。

また、暴力団に絡んだ困りごとについても相談に乗ってくれるでしょう。

私も、ホテルの社員から「夜遅くに仕事が終わり近所のスナックに飲みに行ったら、そこに暴力団関係者がいて、我々がホテルの者と分かったら何本もビールを差し入れしてくれたんだけど、そんな時はどうしたらいいですか」と相談されたことがあります。

暴力団がただでビールを差し入れることはないということくらい、誰でも分かると思います。

近くのホテルの従業員と分かったから、差し入れてきたのです。暴力団からビールを差し入れられて礼を言い、そのまま飲んでしまうと借りを作ることになります。

後で、ホテルを利用する際、便宜を図るよう依頼されるかもしれません。そういう場合は差し入れを断るか、断り切れなければ差し入れられたビールと同等分のお酒を返すことです。絶対に差し入れられたままにしてはいけません。

このような事例以外にも、警察の暴力団担当の方ならば数多くの事例を知っているので、是非地元の警察署に講演をお願いしたほうがよいでしょう。

私が思ったことですが、社員に対する暴排教育においては、特に次の点について指導してほしいと思います。

・暴力団関係者らしい者を発見したら必ず上司に報告すること

・宿泊カードの表明、確約欄にチェックしない暴力団関係者らしい者を見つけたらチェックをするようにお願いすること

この2点を確実に実行すれば、ホテルの安全は確かなものになるはずです。

②警備員等に対する暴排教育

暴力団関係者は、堂々とホテルの玄関に車両を寄せて降りてくることがあります。その状況を一番把握できるのが、アッシャーと玄関前で警備に当たる警備員です。

特にアッシャーは、車両の受け入れやお客様の降車時の対応などを担当し、直接お客様と接するわけですから、お客様の中に暴力団関係者らしい者がいればピンとくるはずです。

その場合は、すぐにその情報を総務課や防災センターなどに報告させるべきです。

ところが、暴力団関係者がホテルに入ってしばらくしてから「そういえば、先ほど入ってきたお客様は暴力団関係者らしかった」などと遅れて報告があると、その暴力団関係者がホテル内のどこに行ったのかを探すのに時間がかかり、対応が後手に回ってしまいます。

アッシャーはお客様を受け入れることで忙しいでしょうが、暴力団関係者を発見した時の報告を徹底させるべきです。

当然、アッシャーに対する暴力団排除教育も必要となります。

その点、ソリドール浅草には長い間勤務している村田さんというアッシャーがいて、地元の暴力団関係者の顔をよく把握しており、彼らがホテルに来るとすぐに連絡をくれます。だから、その後の対応が迅速にできるのです。

このようなアッシャーがいると助かります。それは、警備員についても同じことが言えると思います。

玄関で立哨し車両の誘導や警戒に当たっている警備員も、暴力団関係者らが歩いて来たり、車両で来た場合はいち早く発見できる立場にあるのだから、発見したらアッシャーと協力して総務課や防災センターに速報させるべきです。

併せて、来館時間、人数、車種、車両ナンバーなどを把握して、記録として残しておくとよいでしょう。

どうしてでしょうか。それは、再び暴力団関係者が来館した時の判別や、ホテル内で事件が発生した場合の事後調査にも役立つからです。

また、警備員は巡回時もホテル外周の道路に駐車している車両に目を配り、暴力団関係者が乗っていると思われる車両を発見したら速報するとともに、それを記録しておくべきでしょう。

ソリドール浅草の警備員は、暴力団関係者の排除についての意識が高く、発見すれば必ず防災センターに速報するようになっています。

私も、警備員からの通報で何度も暴力団関係者の対応に当たってきました。ソリドール浅草では、昼間帯に暴力団関係者が来た場合は私が対応してきていましたが、夜間帯は宿直のホテル従業員や警備員が対応することになるので、警備員に対しても暴力団排除教育が必要だと思います。

一般に警備会社では、警備員に対して「窃盗、暴行、傷害、脅迫、恐喝」などの犯罪や現行犯逮捕などについては一通り教育していると思いますが、暴力団への対応方法までは教育が行き届いていないと思われますので、状況に応じて教育していく必要があります。

ホテル内で暴力団関係者が事件を起こした場合に、警備員等が暴力団関係者の勢いに押されて逮捕する機会を逃してしまうようなことがあれば、お客様の安全は守れなくなってしまいます。

③防犯カメラの設置

ホテルの要所要所に防犯カメラを設置することは、ホテルに入ってくる暴力団関係者を把握することに繋がるだけでなく、不審な人物を発見できるなど、ホテル内で事件事故が発生した場合に大いに役立ちます。それでは、防犯カメラをどのような場所に設置するべきなのかについてお話しします。

正面玄関

ホテルへ出入りする者を把握できるように、ホテル玄関や各入口付近に設置することです。ホテルには、誰でも自由に入ってくることができます。

そのほとんどがホテルの利用者で善良なお客様ですが、中にはホテルの部屋を悪用する者や犯罪者なども入ってくるのです。

また、トイレを借りに来る人や寒さや暑さをしのぎに入ってくる人など様々です。ホテル従業員としては、お客様がどんな用事で来た人なのかといちいち気にかけていたら、自分の仕事がおろそかになってしまうでしょう。

それをカバーするためにも、防犯カメラが必要なのです。

防犯カメラを使うことによって、玄関入口や各入口で暴力団関係者や不審な人物を把握することは、ホテル内のお客様の安全を守る上でも重要です。

特に暴力団関係者は、ホテルの玄関に車両を付けて堂々とホテル内に入ってくる者がいるし、帰る際には若衆が玄関に迎えの車両を回してくることがあります。その時、防犯ビデオが設置されていれば、暴力団関係者の顔や車両ナンバーを確実に把握できるのです。

周囲の路上

ホテル周囲の路上を隅から隅まで見渡せるように防犯カメラを設置することも大事です。特に暴力団関係者というのは、直接ホテル玄関に車両を乗り付けてくる者以外に、ホテル脇の路上に車を止めて降りてくる者も多いのです。

彼らなりにあまり目立たないようにと考えて、そうしているのかもしれません。カメラが設置してあれば、ここでも暴力団関係者の顔や車両ナンバーが把握できます。

私は、ホテルの喫茶室などに暴力団風の者が入ってきた場合、警備員に対して必ずホテル周辺の路上も防犯カメラで確認するように指示していました。

そして、暴力団関係者らしき車が止まっていれば、先に車の運転手に声かけをするようにしていたのです。長時間の駐車はホテルとしても迷惑なので、声をかけやすかったのです。

また、路上に向けて防犯カメラを設置していれば、そこで事件、事故が発生した場合にも役立ちます。

駐車場

地上、地下にかかわらず、ホテルの駐車場にも防犯カメラが必要だと思います。暴力団関係者の車両ナンバーや、車に乗り降りする行動を把握するのに役立つからです。特に、駐車場への出入口のカメラは、車両ナンバーだけでなく運転手の顔を確認することもできます。また、ホテルに来た時間や帰った時間なども確認できます。

駐車場内で交通事故があった場合や、車上狙いなどの悪質事案が発生した場合にも役立ちます。警察捜査上にも役立つのです。

フロント、ロビー

フロント、特にチェックイン、チェックアウトカウンターを写す防犯カメラは重要です。ここでお客様が宿泊を申し込んだり精算したりするのですが、お金の受け渡しでトラブルが発生した場合は、防犯カメラを再生して確かめることができます。

また、暴力団関係者らしい者が来た場合は、その判別にも役立つのです。

顔つきや態度などから、暴力団関係者ではないかと思われることがあります。

なお、防犯カメラを設置する場合は、お客様とのお金のやり取りの様子が分かると同時に、お客様の顔も写る角度に設置するのがよいでしょう。

顔が写っていれば、暴力団関係者かどうかをより判別しやすくなります。

また、ロビー全体を監視できるように設置することも重要です。

前にも述べましたが、喫茶室で親分らが話している間、配下の者がロビーに立ち警戒に当たっていたことがありました。

また、親分らが宿泊している場合には、車で迎えにきた配下の者がロビーで待っていることもあり、一般のお客様と違う行動をしているのですぐに暴力団関係者だと分かります。

エレベーター等

エレベーターホールにも防犯カメラは必要です。一階だけでなく、各階のエレベーターホールに設置するべきです。なぜ必要なのか。ホテルに入ってきた暴力団関係者や不審者がエレベーターに乗って上階に行った場合、どの階で降りたのかを把握することができるからです。

何度か不審者をロビーで発見した後に見失うことがあったのですが、防犯カメラで追跡したところ、降りた階が分かったので、その階に行き、発見した不審者に注意をして帰ってもらったことがありました。

また、エレベーター内は密室であり犯罪に利用される可能性があるので、お客様を守るためにエレベーター内にも防犯カメラを設置すべきでしょう。

プライバシーを考慮するためにも「防犯カメラ作動中」の表示はしておきましょう。

エスカレーターが設置されているホテルでは、エスカレーターに乗った不審者も追跡できるように防犯カメラを設置すべきです。

以前、お客様がエスカレーターの上段から転げ落ちて怪我をしたことがあり、事件か事故かを判断する際に防犯カメラが役立ったことがあります。

客室廊下

各階エレベーターホールから客室に通じる廊下にも、防犯カメラは必要です。それは暴力団関係者や不審者がどの部屋に宿泊したかを確認できるからです。

宿泊した部屋が分かれば、その出入り状況も把握でき、事件や事故が発生した場合などには警察の捜査にも役立つからです。

さらに、チェックイン時には、一人で宿泊すると申し込んでおきながら、後から部屋に何人も泊めたりする悪質な利用客を把握することもできるので、後で人数分の宿泊料金を請求する際の証拠にもなります。

喫茶室、料理店

喫茶室や各料理店にも、防犯カメラを設置するべきです。

実例で示したように、ホテルの喫茶室は暴力団関係者に頻繁に利用されることが多いのです。

喫茶室は広くて大勢がゆったりと座れるし、ホテル従業員の応対も良いので好んで利用されます。

暴力団関係者にしてみれば、格式あるホテルの喫茶室は客人を接待する場所として最適であり、何時間いても文句を言われないので利用するのだと思います。

このように暴力団関係者に頻繁に利用される喫茶室には、入口や客席全体を見渡せて自在に回転操作ができ、ズームも可能な防犯カメラを設置するとよいでしょう。

そうすれば、防災センターにいても随時、カメラを操作して、暴力団関係者や不審者を把握することができます。また、ズームにすれば暴力団関係者の顔がはっきり分かるし、手元のやり取りの様子も分かるのです。

万一、覚せい剤などの手渡しや現金のやり取りがあれば、証拠として警察の捜査にも大変役立ちます。

私も何度か、喫茶室にいる暴力団風の男らのズームアップした顔を見て判断し、喫茶室に様子を見にいったことがあります。

喫茶室が広い場合は、防犯カメラを二カ所に設置したほうがよいでしょう。

ホテル内の中華料理店や日本料理店についても、防犯カメラを設置すべきです。

暴力団関係者が団体で来ることはないと思われますが、少人数や家族連れで料理店を利用することがあります。

実例⑲　左手小指欠損

以前のことですが、日本料理店の従業員から「暴力団関係者らしい人たちが食事に来ている」との連絡を受けて、様子を見にいったことがあります。

従業員から話を聞いたところ、「お客様の一人に左手の小指が欠損している人がいる」と言われました。

それで、私はゆっくり歩いて暴力団関係者らしい人たちのところに近づいていきました。五〇代から六〇代の男性三人と五〇代の女性一人が食事をしていました。その中の親分格の男と目が合いました。男は、私に気づくと「何かあったんですか」と聞いてきました。

私は失礼かと思いながら「いらっしゃいませ。実は、時々暴力団関係者がホテルに食事に来るので巡回しているんですよ」と単刀直入に話しました。

すると、親分格の男は「失礼だな。私は暴力団じゃないよ。ちゃんと仕事をしてますよ」と言って、名刺を渡してくれました。その名刺には「会社経営者」と書かれていました。

その時、食事をしていた仲間の一人が急に席を立ってトイレのほうに行ったのです。そして、その際、男の左手小指が欠損しているのが確認できました。直感で暴力団関係者かもしれないと思いましたが、確かめることもできなかったので親分格の男に「分かりました。失礼しました。ごゆっくりして行って下さい」と言い、その場を離れたのです。一緒にいた他の者も怒ることなく笑っていたので、暴力団関係者であったと思われました。

このように、少人数で暴力団関係者が食事に来ることがあるのです。

防犯カメラは、店内出入口と客席を見渡せるように設置するのがよいでしょう。

もう一つ例を挙げると、ビュッフェレストランに「元暴力団」と称する者が来たことがありました。

実例⑳　自称元暴力団

レストランの従業員から「元暴力団という男が、自分の携帯電話に外部から電話がかかってきたので二〇分くらい話をした。だから食事の時間を延長させろと身勝手な要求をしてきている」との連絡を受けました。

それで、私がレストランに行くと、元ヤクザと称する体格の良い男が、強い口調で従業員に何事か文句を言っていました。

男に近づき「お客様、どうしましたか」と聞くと、男は横柄な態度で「お前は、誰だ」と言ってきました。

私は「ホテルの警備員ですよ」と言うと、「あんたには関係ないよ」と言ってきました。

このお客様にまともな話は無理だと思ったので、私は「お客様は以前、暴力団だったんですか。私は警視庁で暴力団担当の仕事をしていたことがあるのですよ。どちらの組織にいたのですか」と切り込みました。

すると、男は急に顔色を変えて「俺は警視庁の○○を知っている」とか「某警察署の暴力団担当刑事を知っている」などと話してきました。

けれど、その後は私と話したがらず、「他の責任者を呼べ」と従業員に言い出しました。そしてレストラン担当の支配人が来ると、その支配人に対して自分の要求を盛んに話していましたが、大声を出すことはなくなりました。

その後、自分の要求が通らないと分かると、男は食事をして帰っていきました。

この男がレストランの従業員に対して文句を言っていた時の状況は防犯カメラに写っていましたが、客席を見渡す防犯カメラが設置されていなかったので、支配人に対して苦情を言っている姿をカメラで確認することはできませんでした。

これまで述べた場所以外にも、用事のない人に入られては困る場所や夜間警戒が手薄になる場所にも、防犯カメラの設置を考えたほうがよいでしょう。

④宴会の利用を断る

暴力団関係者に対する排除機運が高まる以前は、暴力団関係者の宴席や食事会などを受け入れていたホテルもありました。暴力団関係者は金払いが良いし、それなりに利益に繋がっていたからです。

また、その頃は積極的な暴排対策をやっていませんでした。

しかし、現在はどこのホテルでも暴力団関係者が出席する宴席や食事会を断っていると思います。それでも時に営業担当者が受けた宴会で、当日になって暴力団関係者らしい者たちがぞろぞろやってきて慌てて警察に連絡することもあるでしょう。

それでは、どうすれば宴会などから暴力団関係者を排除することができるのでしょうか。

まず、宴会や食事会などを受けてくる営業担当者に対し、どうして暴力団関係者の入館を断っているのかということを意識付けることです。

警察から言われるから排除するのではない。社会において暴力団排除機運が高まっているからでもない。前述したように、暴力団はそれ自体が抗争事件などの危険性をはらんでいる。その暴力団関係者をホテルが受け入れたら、お客様の安心安全は守れない。もしお客様に怪我などがあれば、ホテルの存続にも影響してくる。

だから暴力団関係者の入館を断っているのだと。

利益を上げるためにだけ暴力団関係者が出席するような宴会や食事会を受け入れるようなことは絶対しないということを、強く意識付けしておくことが大切だと思います。

それでは、宴会や食事会の申し込みを受けたらどのようなことに注意して受け入れればよいのでしょうか。

宴会などの申し込みを受ける際には、ホテルに「暴力団等の排除規約」があれば、申込者に提示して閲覧させ、ホテルの暴力団等排除に対する姿勢をしっかりと説明することです。

その上で、申込者から「私を含めて宴会や食事会に出席する人の中には、暴力団関係者はいません。もし暴力団関係者がいたならば、契約を解除されても一切異議申し立て致しません」とか、「もし暴力団関係者が出席していたことが判明したら、すぐに宴会や食事会を中断し退館することを誓います」とか、「契約違反によりホテル側に損傷、損害が発生した場合には、その費用を全額負担します」というような表明、確約をしていただくとよいでしょう。

その際に重要なことは、確実に申込者の「住所、氏名、生年月日、職業、連絡先など」

を正確に記入してもらうことです。

そして、できれば宴会や食事会に出席する人の氏名や職業が記載された「出席者リスト」も必ず提出してもらいます。出席者に関する情報は、詳細なほどよいでしょう。

そして、営業担当者が申込者と直接会って把握した内容と、出席者リストなどを合わせて検討した結果、この申込者は暴力団関係者と関係があるかもしれないとか、出席者の中に暴力団関係者がいるかもしれないと思ったら、迷わず地元の警察署に相談することです。

ホテルだけの力では、暴力団関係者であると判別することは無理でしょう。

警視庁の各警察署では、暴力団関係者等の排除に関する相談は、暴力団対策係が担当しているので、そこに相談するとよいでしょう。

また、全国どこの警察署にも暴力団に関する相談係がありますので、相談してみて下さい。そして、その結果、宴会や食事会に出席する人の中に暴力団関係者がいるとの回答を受けたならば、毅然として申し込みを断ることです。

断り方としては、「暴力団排除に関するホテルの規約」や「暴力団関係者でないことの表明・確約書」、または「暴力団関係者排除条項の入った契約書」を申込者に提示して、警察署に相談したことを告げ「総合的に検討した結果、当ホテルではお受けできませんので、契約を解除させていただきます」と断ることです。

「出席者の誰それが暴力団関係者だから断る」などと言う必要はありません。

そうすれば、申込者は「その者は出席させないからいいだろう」と言ってきます。

「暴力団関係者に対する排除」にあたっては、宴会や食事会を申し込んできた団体の中に暴力団関係者がいても、その者を排除すれば申し込みを受けてもいいのだという考えは持たないことです。

出席者の中に暴力団関係者がいること自体が問題なのです。

平成二八年秋に、暴力団関係者が出席すると思われた宴会を断ったことがあります。

それは、宴会の営業担当者が受けてきた神輿同好会の集まりでした。神輿同好会の記念パーティーをホテルで開催したいと申し込んできたのです。

営業担当の話によると、この神輿同好会の申込者は過去にもソリドール浅草で宴会を開催したことがあったそうです。総務課の支配人が営業担当者を連れて私のところへ相談に来たのが、宴会開催日の一週間ほど前でした。

支配人から「神輿同好会から宴会の申し込みがあり、出席者のリストを受け取ったので調べてほしい」と言われました。

前述したように、神輿同好会の中には暴力団が関係している同好会もあるので、営業担当者も契約前に相談してきたのだと思います。

申込者から提出を受けた出席者リストには、神輿同好会の名称と責任者の氏名が記載されていました。

私は、その出席者リストを見てすぐに断るように伝えました。なぜか？

その神輿同好会の中のいくつかが暴力団組織と関係していることが分かったからです。

私が浅草警察署で勤務していた時に、ある事件で逮捕した暴力団関係者と同じ名前の者が同好会の代表者に載っていました。

それで、すぐに申し込みを断るよう支配人と営業担当者に言ったのです。また、どうしてもう少し早く出席者リストを入手することができなかったのか聞きました。

申込者が出席者リストを持ってくるのが遅かったからとのことでした。

私は、支配人と営業担当者に「早く断ったほうがいい。申込者は既に案内状などを出しているはずだから、申込者のためにも早く断ったほうがいい」と伝えました。

その後、出席者リストを持参して浅草警察署の暴力団対策係に相談に行きました。私の判断に間違いはないと思ったのです。そして、警察署から「暴力団関係者に該当する」との回答があれば、申込者に対して自信を持って断ることができると考えたからです。暴力団対策係へ相談した結果、出席者リストの中に暴力団関係者がいることが判明しました。

私は、その結果を支配人に伝え、翌日、ホテル内で申込者に「宴会を受けることはできません」と断りました。

申込者は、「もう案内状を出している」「誰が暴力団関係者なのか、教えてくれ」「その暴力団関係者を出席させなければいいんだろう」「こちらも弁護士に頼むことになる」などと抗弁していたようですが、あきらめて帰っていったそうです。

その後、宴会を断ったことでホテルに対しての嫌がらせがあるかもしれないという危惧もありましたが、何もありませんでした。

このように、宴会申込者に対しては必ず「出席者リスト」を提出してもらい、暴力団が関係しているかもしれないと思ったら、地元の警察署に相談に行くことです。

また、宴会やパーティーなどの営業担当者には「暴力団関係者の排除」について常日頃から教育を徹底しておくことが大事です。

⑤結婚式の利用を断る

大手のホテルでは結婚式や披露宴を受けているところが多いでしょうが、この結婚式や披露宴からも暴力団関係者を排除することが重要です。

新郎新婦が暴力団関係者である場合や両親が暴力団関係者である場合は、出席者の中にも暴力団関係者がいる確率が高くなります。

また、披露宴に出席した暴力団関係者が組長ら幹部である場合、その幹部らの護衛のために配下の者が披露宴会場の周りやホテルの外で警戒に当たることが予想されます。

それが対立抗争中の暴力団組織であれば、さらに危険性は高まります。

一般のお客様の不安を煽り、安全も守れなくなります。ですから、結婚式や披露宴からも暴力団関係者を排除することが必要なのです。

それに、暴力団関係者の結婚披露宴などを引き受けた場合は、ホテルサービスにミスが生じると、それを逆手に取って挙式の費用をサービスさせられたり、法外な慰謝料を請求されることも考えられます。

インターネットで調べたところ、暴力団関係者がホテルにおける結婚式に出席した事例として、娘の結婚式に出席したケースがありました。

それは、関西の暴力団幹部が、ある事件で拘置所に勾留されている期間に、娘の結婚式に出席するために裁判所に勾留停止を申請し、警察官を同行するという条件付きで結婚式出席が認められたという事例です。

暴力団関係者が両親などの葬式に出席するために勾留停止を申請し認められることはよくあることですが、結婚式に関しては異例であるという検察側のコメントが載っていました。

また、この暴力団幹部は、所属する組織が抗争中であり、隙あらば抗争相手から襲撃されるという立場だったため余計に問題視されたのでしょう。

この暴力団関係者の娘の結婚式を引き受ける段階で、暴力団と関係はないのか検討し警察に相談していれば、結婚式の受け入れを断ることができたのではないでしょうか。

前置きが長くなりましたが、結婚式や披露宴からどのようにして暴力団関係者を排除すればよいのかご説明します。

基本的には「宴会の利用を断る」の項で述べたように、あらかじめ新郎新婦に「当ホテルでは、暴力団関係者が出席する結婚式や披露宴はお断りしています」と暴力団関係者排除条項の入った規約を提示しながら説明し、新郎新婦から「結婚式や披露宴に出席する人の中に暴力団関係者はいません。もしいた場合は、結婚式や披露宴を断られても異議申し立てはしません」というような確約書を提出してもらうことです。

その上で、早急に出席者の名簿を提出してもらいます。

新婦や披露宴に出席する女性が暴力団関係者であることは、まずありません。

新郎や父親、友人など男性出席者の中にいるかもしれないのです。

ですから、両家の父親については、「住所、氏名、生年月日、勤務先、電話番号（携帯電話番号）」などを記入してもらって下さい。また、一番確実なのは、出席する成年男性全員の名前と生年月日を把握することです。それが分かれば暴力団排除に大変役立つのですが、それはなかなか難しいでしょうから、せめて媒酌人やお祝いの挨拶をする会社の上司、同僚、友人についても、「住所、氏名、生年月日、勤務先、電話番号（携帯電話番号）」を記入してもらって下さい。

男性だけでいいのですが、それだと「なぜ男性だけが？」と疑問を持たれるので、男性、女性共に記入してもらったほうがよいでしょう。

そして、新郎を含めて出席者の中に暴力団関係者がいるかもしれないと思われたら、それらの名簿を持参して地元の警察署に相談に行って下さい。

また、結婚式等の申し込みを受ける担当者に対して、日頃から暴排教育を行っておくことも大切です。

どのような教育をするのか？

一概に言えませんが、「腕に入れ墨がある」とか「真夏日なのに長袖シャツを着ている」とか「新郎が無職である」「申込書に生年月日や携帯電話番号を書かない」「若いのに免許証がない」など、少しでも不審に思える点があったら、必ず上司に相談するように教育しておくことです。

そして、「新郎新婦も含めて結婚式、披露宴に出席する者の中には、暴力団関係者等はいません」という表明と確約書を書いてもらう際には、相手の言動をよく観察することです。

やましいところがあれば、必ず言葉や動作に不自然なところが表れるはずです。

実際、過去に新婦の父親が暴力団幹部であったり、出席者の中に暴力団関係者がいたことがあるのです。

⑥警察、暴追センター等との協力

警察庁指示のもと、全国の警察署は、社会から暴力団関係者を排除するために、取締りを強化し、市民の困りごと相談にも積極的に応じています。

警視庁を例に取ると、社会から暴力団関係者を排除するため、本部には「組織犯罪対策第三課」と「組織犯罪対策第四課」があります。「第三課」では行政命令の発出や相談事案への対応、保護対策など、「第四課」では暴力団事件取締りに積極的に取り組んでいます。

また、本部に対応するように警視庁管内の各警察署には、「暴力犯捜査係」と「暴力団対策係」があります。

暴力犯捜査係は組対四課に対応し、暴力団が起こした事件を取り締まっている係です。暴力団対策係は組対三課に対応し、中止命令等の行政命令を発出したり、市民からの困りごと相談に応じて暴力団排除に取り組んでいる係です。

皆さんが相談に行くのは、この二つの係になると思います。

どこの警察署でも、暴力団が絡んだ相談には快く応じてくれるはずです。

ですから、ホテル業界に限らず暴力団関係者らしい者が施設に来場したり、食事に来て困っている場合には、積極的に警察に相談して下さい。

相談に行く場合は、暴力団関係者に関して知り得た情報を数多く準備して行ったほうがよいのです。「住所・氏名・年齢・顔写真」などの資料が多ければ多いほど、調査に役立つからです。

また、警察署へ行く場合は、あらかじめ「暴力団対策係」へ連絡しておくとよいでしょう。

事件等の対応に追われて不在の場合もあるからです。

ただ全てを警察にお願いするという姿勢では、警察側も対応しきれないことがあるので、自分たちでできることはしっかりやることです。

例えば、暴力団関係者らしい者が喫茶室に来たり食事に来た場合、警察に相談した結果「暴力団関係者」と判明した時は、暴力団関係者に対して「ホテルのご利用は、お断りします」と自分たちで警告しなければなりません。

警察官はホテルの人間ではないので、暴力団関係者に対して「ホテルから出ていって下さい」とは言えないのです。

ただ、ホテルに積極的な姿勢があれば、警察は必ず後押ししてくれるはずです。前にも述べましたが、ホテルに入っていた理容室に暴力団関係者が利用客として通っていました。

そして、その件で浅草警察署の暴力団対策係に相談した結果、理容室の社長に「暴力団関係者を客として入れないでくれ」と頼む際、暴力団対策係の人たちが立ち会い指導してくれました。それは、ホテルが日頃から暴力団対策係を含め浅草警察署と連携を密にし、協力しているからだったのだと思います。

暴力団対策に限らず、いろいろな面で警察と連携していくことは大事なことだと思います。

このように、暴力団関係者の排除や相談事については、地元の警察署に協力してもらうのが一番です。ちょっと警察は敷居が高いかなと思う方は、暴力団が絡む困りごとの相談に応じる組織として都道府県に「暴力追放運動推進センター」がありますので、そちらに相談するとよいでしょう。東京でいえば暴追都民センターです。

ここには、暴力団に関して経験豊富な警視庁ＯＢがいて、快く相談に応じてくれます。

なお、暴力団関係者以外の総会屋、社会運動標榜ゴロなどが絡む困りごとの相談に関する組織として、「特防連」（公益社団法人警視庁管内特殊暴力防止対策連合会）があります。

ここにも経験豊富な警視庁ＯＢがいて、相談に応じています。困ったことがあったら是非相談してみて下さい。

暴力団関係者が好むホテルとは？

ここで視点を変えてみましょう。暴力団関係者は「暴排対策に消極的なホテル」と「暴排対策に積極的なホテル」に対して、どのように思っているのでしょうか?。暴力団関係者の側から考えてみることにします。

まず、暴力団関係者のホテル利用に関しては、次のようなことが言えます。

暴力団関係者は、大きなホテルを利用することが多いと思います。

特に、親分ら上層幹部が宿泊する場合は、大きなホテルに宿泊します。なぜでしょうか。大きなホテルは利用客の出入りが多いため、暴力団関係者がホテルに入っていってもそれほど周囲の目に留まるということがないからかもしれません。それに、大きなホテルには喫茶室や料理店などがあり、客人を接待するのに便利だからです。

小さなホテルでは、利用客が少ないため目立ってしまいます。まして、配下の者を従えている場合は、当然不審に思われてしまうでしょう。

暴排に消極的なホテル（利用しやすいホテル）

暴排に消極的なホテルとは、私がこれまで述べてきたような対策を行っていないホテルということになります。

ホテルの入口に「暴力団関係者のご利用は、固くお断りします」などの暴排看板や暴排表示がない場合、暴力団関係者は「このホテルは自分たちを排除していないので、利用しても大丈夫」と思うでしょう。堂々と入っていけます。

同様に、喫茶室やレストランの出入口にも看板等がなければ、さらに安心するでしょう。そして、こういうホテルならば、家族や配下の者を連れていっても苦情を言われることはないだろうし、少しくらい羽目を外しても出ていくように言われないだろうと思うかもしれません。一般の利用客と同じように対応してもらえると思います。

ですから、このようなホテルを好んで利用することになります。

もし、ホテルの従業員が暴力団関係者であることを知って「暴力団関係者の方は、ご遠慮願います」と言おうものなら、逆にこれをチャンスと捉えて「暴力団とは何だ。ここのホテルは客を暴力団呼ばわりするのか。ふざけたことを言ってんじゃねえよ。どこに暴力団はホテルに入っては駄目だと書いてあるんだ。責任者を呼べ。支配人を呼べ」ということになるでしょう。

最悪の事態となり、ホテル側が謝罪することになります。さらに食事代などを無料にするようなことになってしまうかもしれませんし、それでも収まりがつかないかもしれません。

このような暴排対策のないホテルでは、暴力団関係者が少々大声を出しても「お客様、少し静かにお願いします」と言えるぐらいだと思います。

宿泊についても同じことが言えます。

宿泊に際し、チェックイン時の宿泊カードに「私（私たち）は、暴力団関係者ではありません」と書かれた暴排項目が入っていないホテルなら、暴力団関係者は安心して泊まることができるのです。当然、配下の者たちが客室に出入りしても何も言われません。

ホテルによっては、客室内に「当ホテルは、暴力団関係者の宿泊をお断りしています」などと記載された約款が置かれているかもしれませんが、それを見たからといって宿泊を取りやめることはありません。見なかったことにすればいいわけですから。

こういうホテルなら長期間滞在して、部屋を事務所代わりに使えると思うかもしれません。

暴排に積極的なホテル（利用しづらいホテル）

それでは、ホテルの入口に暴排看板や暴排表示がある場合、暴力団関係者はどのように思うのでしょうか。

看板や表示が目立つ位置にあれば、当然目に入ります。

一瞬「このホテルを利用するのは、まずいかな」と思うでしょう。しかし、ほとんどの暴力団関係者は、それが目についても入ってきます。

それは、ホテルの従業員が自分たちに気づいても「暴力団関係者であることは、分からないだろう。だから何も言ってこない」と思っているからです。

ただ、利用する喫茶室やレストランの出入口にも看板や表示があると、少しは気にするでしょう。他のお客に迷惑をかけてはいけないと思うかもしれません。

そこで、彼らが暴力団関係者であるとの確証を得た上で「このホテルは、暴力団関係者のご利用をお断りしています。ご遠慮願いますか」とホテルの従業員が声をかければ、「何言ってるんだ」と開き直ることなく、「分かりました」と素直に言うはずです。

文句を言わないのは、自分たちが暴力団関係者であることを認めているからなのです。

ここで開き直る暴力団関係者はいないはずです。

そして、話や食事が済めば帰っていくでしょう。

ただ、一度忠告したとしても何度も来る者がいます。その場合は、その都度忠告することです。そうすると、彼らは「このホテルは、うるさいな。落ち着いて話もできない」と思い、自然と足が遠のくでしょう。

宿泊に際しても、宿泊カードに「暴排条項」が入っていると、暴力団関係者の態度が変わってきます。中には、その項目を見てわざとチェックしない者もいます。

そして、ホテルの従業員から「暴排条項の欄」を示され、「ここを読んで確認をお願いします」と言われると「まずいな」と思うはずです。その動揺が態度に表れることもあります。

この「暴排条項」の導入は、宿泊からの排除対策としては効果てきめんです。「暴力団関係者じゃない」と虚偽のチェックをすれば、詐欺罪で逮捕されてしまうのだから割に合いません。

というようなわけで、暴力団関係者であれば当然「暴排対策に消極的なホテル」を利用することになります。

第3章　まとめ

これまで、ホテルからの暴力団関係者の排除対策について、いろいろと述べてきました。その中でも、これを実行すれば必ず効果があるという対策について繰り返しお話しします。

①暴排看板等の設置

お客様がホテルに出入りすることができる全ての入口に**「当ホテルは、暴力団関係者の利用を固くお断りしています」**とか、場合によっては**「警察へ通報することもあります」**という看板の設置や暴排表示をすることです。

これを設置したからといって暴力団関係者を全て排除できるというわけではありませんが、これがないとホテルから暴力団関係者を排除することは無理です。

設置していないホテルは、暴力団関係者から「ここは、安心して利用できるホテルだな」と思われてしまいます。

この暴排看板や暴排表示を設置する費用は、ホテルにとってほとんど負担にはならないはずです。

この看板等が暴力団排除のために一役買ってくれると思えば、安いものでしょう。

看板等は、誰にでも見える位置に設置することです。

また、看板等は次のような時にも役立つのです。

例えば、ホテル内で暴力団関係者が騒いだりして他のお客様に迷惑をかけていたとします。そして、ホテルでも手に負えず一一〇番します。そうすると制服の警察官がやってきますし、暴力団担当の刑事もやってきます。

そして、刑事たちは暴力団関係者が悪いということが分かれば、暴力団関係者に対して「他のお客様に迷惑をかけないように」と注意してくれます。その際、看板等のあるホテルは、暴力団関係者に「出ていってもらいたい」と告げれば、刑事としても、暴力団関係者に対して「入口の看板、知っているんだろう。ホテルを出ていったらどうか」と後押しできるのです。しかし「暴排看板」のないホテルでは、暴力団関係者に注意できても「出ていったらどうか」とまでは言えないのです。

つまり暴排看板等のあるホテルなどは、警察官も積極的に後押しできるのです。

是非「暴排看板」の設置を考えてほしいものです。

もし可能であれば、日本ホテル協会や日本旅館協会などが暴排看板や暴排表示の設置に向けて主導していただければと思います。

②暴力団関係者に対する声かけ

この「声かけ」が、ホテルから暴力団を排除するために一番力を入れなければならないことです。「暴力団排除」の看板や表示があるにもかかわらずホテルに入ってくる暴力団関係者に対しては、**「当ホテルでは、暴力団関係者（組関係者）の方のご利用をお断りしています。今日はいいですが、次からご遠慮願います」**などと丁寧に断ることです。

一度忠告されてもまた来る者はいますが、来るたびに根気よく忠告することです。

ただホテルとして一番悩むのは、「誰が暴力団関係者に対して警告するのか」ということだと思います。

私のような警察官ＯＢがいればその人に任せればいいと思いますが、いない場合はホテル従業員の中の誰かがやらなければなりません。

押し出しの良い従業員で暴力団関係者に対してはっきり物が言える人がいれば、その人を中心に数名で対処するような体制を構築しておくとよいでしょう。

この声かけを実践し続ければ、必ず暴力団関係者はホテルに出入りしなくなります。

ただ、何度も言うように暴力団関係者に対して声かけをする前には、「暴力団排除看板」がなければなりません。暴力団排除看板等の設置と声かけは、セットと思って下さい。

その看板等がないのに暴力団関係者に声かけをした場合、「ふざけるな、どこに暴力団がホテルを利用してはいけないと表示してあるんだ。支配人を呼べ」と一喝されてしまいます。後の始末が大変なことになるでしょう。

声かけの前提となる看板等があれば、暴力団関係者が逆ギレしたり、因縁をつけたりはしません。「分かりました」と言ってくるはずです。

なぜなら、彼らは看板等の内容を承知してホテルに入ってきているからです。

ある暴力団関係者は「言ってくれれば帰るよ」と言っていました。

ホテル利用を断ったことで反抗するような暴力団関係者は、ほとんどいないでしょう。

◎暴排看板等の活用

・大きなホテルは、暴排看板等の設置や声かけなどの対策を取ればよいと思います。
・ビジネスホテルや旅館は、暴排看板等を中心に考えましょう。
・飲食店やレジャー施設などは、暴排看板等の二重設置と声かけ対策を取ればいいと思います。
・スポーツ競技場や公営競技場なども、暴排看板等の設置と声かけを考えましょう。さらに、電光掲示板の活用を取り入れてみてもいいかもしれません。
・結婚式場は、申し込み段階での暴力団関係者の排除に力を入れましょう。
・風俗営業店や深夜飲食店などは、既に暴排看板等の設置店が多いですが、併せて店内に地元警察署名と電話番号を大きく表示してみてはいかがでしょうか。以前のことですが、ある深夜飲食店では地元警察署の暴力団担当刑事の名刺が拡大表示されていました。当然、本人の了解を得てのことと思います。

③「暴力団関係者ではないとの表明と確約項目」の導入

暴力団関係者のホテル利用を禁止しているホテルでも、フロントではお客様が暴力団関係者であるかどうかなどの判断がつかないのが実情でしょう。

しかし、お客様の安全を守るためには、宿泊客から暴力団関係者を排除することが必要です。

では、どうすれば排除できるか。それは、宿泊客が記載する「宿泊カード」に暴力団関係者ではないとの表明と確約項目を導入することです。さらに、この表明と確約項目を宿泊客が記入する「住所・氏名」の欄の前に設ければ、さらに効果があるでしょう。必ず目を通すはずですから。

宿泊カードに「私（私たち）は、暴力団関係者ではありません」という表明と確約項目を入れ、レ点でチェックしてもらうのです。

すると、暴力団関係者でない一般のお客様は当たり前のようにレ点を入れます。しかし、暴力団関係者になると「まずい」と思うのか、一度手が止まったりするなど不自然な動きをすることがあります。

そして、宿泊するために暴力団関係者は、自ら虚偽の記載をしたり、暴力団ではない連れの者に書かせるなどして宿泊することになります。

すると、どうなるか。前にも話しましたが、そのような虚偽の記載をして宿泊した者が暴力団関係者であることが分かると、詐欺罪として逮捕されてしまうのです。

これまでに暴力団関係者がソリドール浅草に宿泊し、逮捕されたことが二度あります。その一例についてお話ししますので、フロントでのチェックイン時の参考にして下さい。

それは、平成二九年二月頃のことでした。午後四時頃、ホテル玄関前の車寄せに一台の白色ワンボックスカーが入ってきました。そして、車内から二人の男が降りて来ました。一人は三〇代の長身で黒色ジャンパー、黒色ズボン姿の男で、もう一人も三〇代で白色コートに白色ズボン姿の体格のガッチリした男でした。

二人ともラフな格好で、サラリーマンには見えません。二人はホテルに入り、フロントへ向かいました。その後、車両を地下の駐車場に止めてきた運転手の男と合流したのです。

フロントでのチェックインの手続きは、長身の黒色上下の男が行いました。男はフロント従業員の説明を受けて、「宿泊カード」に住所、氏名などを書いた後、「私（私たち）は、暴力団関係者ではありません」という記載も確認し、チェック欄にレ点を入れ、従業員に渡しました。

しかし、男はすぐに従業員に対して「今、渡した宿泊カードは破棄してくれ」と言い、再度新しい宿泊カードを要求したのです。

従業員は、男の目の前で「宿泊カード」を破棄して、新しいカードを渡しました。すると、黒色上下の男が白色上下の男に「お前が書いてくれ」と指示したのです。そして、今度は白色上下の男が新しい宿泊カードにチェック項目も含め記入して提出しました。

それで、チェックインの手続きは済んだのですが、フロント係員がその男たちの行動を見て不審に思い、私に連絡してくれたのです。

私は、その状況を聞いて「暴力団関係者かもしれない」と思ったのですが、顔見知りの暴力団でもないし、姿格好だけでは暴力団関係者と判別できないので、宿泊を断ることはできませんでした。

その後は、警備員に対して、男たちの行動をビデオで監視するように指示したのです。また、その日は休日で、たまたま暴力団担当の刑事がいなかったため相談にも行けず、翌日になってから浅草警察署に相談に行ったのです。

その結果、男たちが暴力団関係者であることが分かったのでした。その後、三人は浅草警察署に詐欺罪で逮捕されました。

このように、暴力団関係者であることを隠して宿泊すれば逮捕されてしまうのです。宿泊代金を払っても逮捕されてしまうと思えば、誰も宿泊しないでしょう。

また、暴力団関係者が宿泊詐欺で逮捕されれば、暴力団関係者の間で「あのホテルに宿泊すると逮捕される」という話が広がり、皆そのホテルを避けるようになるのです。

是非、この「暴力団関係者ではないとの表明と確約項目」を導入してお客様の安全を守ってほしいと思います。

④社員等に対する暴排教育

社員に対する暴力団排除教育も、お客様の安全を守る上では欠かすことができません。ホテルとして「暴力団排除」の看板や表示の対策を講じても、社員に「暴力団排除」への関心がなければ、暴力団関係者を排除することは無理でしょう。一人や二人の力だけでは、暴力団関係者を排除することはできません。

暴力団関係者らしい者が喫茶室や食事に来ても、応対する社員が「暴力団排除」に無関心であれば、暴力団関係者かもしれないと思っても上司に連絡しないでしょうし、声かけもしないでしょう。

そうすると、何度でも暴力団関係者はやってきます。それに、暴力団関係者でもお金を払ってくれるのだからいいじゃないかと思うような社員がいれば、いくらホテルとして「暴力団排除」に力を入れていても、その効果は半減してしまいます。

それは、フロント従業員にも言えることです。暴力団排除に関心がないフロント従業員は、暴力団関係者らしい者が宿泊カードの「暴力団でないことの表明と確約項目」をチェックしなくとも確認することなどないでしょうから、そのまま宿泊されてしまいます。暴力団関係者と分かっても、チェックがなければ詐欺罪として逮捕もできないでしょう。

暴力団排除はお客様の安全を守るためにホテル全体で取り組むべきことなのだと、社員全員に教育を徹底することが大切だと思います。

ホテルに限らず多くの会社では、会社の方針として「暴力団関係者との関係遮断」を謳っていると思います。その方針を全社員に浸透させることが重要なのです。

ですから是非、年に一回でも社員に対して「暴力団排除」への理解を深めるための教育の場を提供してほしいと思います。ホテルに適当な指導者がいなければ、地元の警察署に講義をお願いするとよいでしょう。

前述したように、警察は社会からの暴力団排除を強力に推進していますので、都合がつけば喜んで引き受けてくれると思います。

これまで述べてきた①～④に重点をおいて、暴排対策に取り組んでほしいと思います。ただし、喫茶室や料理店などがないホテルの場合は、①③④の三つの対策を実施するだけでも効果があるはずです。

第4章 暴力団こぼれ話

①お礼参りは九九％ない

よく「暴力団の被害に遭ったが、警察に被害届を出すと暴力団からお礼参りをされるのではないか」と心配する人がいます。確かに気持ちは分かりますが、被害届を出さないといつまでたっても暴力団からの不安が解決できないままです。

それに、実際のところ、お礼参りはほとんどありません。私は暴力団事件の取締りなどに約二三年間携わってきたのですが、お礼参りがあったのは一件だけです。

それは、地元の暴力団幹部が開店したばかりのスナックのママにみかじめ料を取りに行ったら、逆に被害届を出されて警察に逮捕されたという事件でした。

その件で後日、お礼参りとして配下の者がスナックに行き、ママに因縁をつけて騒いだというものです。当然、配下の者も逮捕されました。

正確な数を数えたことはありませんが、私は警察人生の中で一〇〇件以上の事件に関わってきました。その中での一件ですから、お礼参りは九九％ないと言えるのです。

暴力団もお礼参りをして再度逮捕されると、刑が重くなることを知っているからやらないのです。

ただ、本書の実例でも述べたように、暴力団関係者であることを偽ってホテルに宿泊したことで逮捕されたからといって、お礼参りをするということは考えられません。

そんなことをすれば、暴力団社会の中で恥をかいてしまいます。

また、お礼参りが心配な時は警察に相談して下さい。警察は、お礼参りするような事件かどうかが分かります。犯人を取り調べているわけですから、お礼参りをするような人物なのかどうかの判断がつきます。

ただし、これも一〇〇％ではありません。もし、お礼参りが考えられるような事件の場合は、警察も保護対策等に万全を期してくれるはずです。日本の警察の力を信用してみてはどうでしょうか。

それでもお礼参りが心配な場合は、自分たちで警戒するしかありません。

その場合は、正面入口の警戒と周囲の車両に注意して下さい。

犯人が、捕まってもいいと思ってお礼参りに来る時は、正面入口からやってくることが多いからです。

私が蔵前警察署で刑事をやっていた時、A組とB組の抗争事件がありました。私は部長刑事と共に、A組の事務所前に止めた車両から警戒に当たっていました。すると、朝方タクシーが目の前に止まりました。同時に、タクシーからいきなりB組の者が飛び出してきてビルの階段を駆け上がり、A組事務所の玄関目がけて発砲したのです。その後、犯人を逮捕しましたが、このように捕まることを覚悟の上で来る場合は正面からです。

捕まりたくないと思う場合は、逃走車両なども準備していますが、その時は防犯カメラを活用すればいいと思います。

②被害届がなくても逮捕できるのか？

被害届がなくても暴力団を逮捕することはできます。ただし、全ての事件についてできるわけではありません。ケースバイケースです。

私も、被害届なしで逮捕したことが何度かあります。

その中の二つの事例を紹介します。

一つ目は、祭りで起きたケンカの時です。神輿の半天を着た者たちが道路で殴り合いのケンカをして怪我人が出た事件で、殴り合っている現場にいた双方を現行犯逮捕しました。こんな場合は、被害届がなくても逮捕できます。目の前で起きている事件だからです。そこで逮捕しないと逃げられてしまいます。

読者の皆さんが、目の前で起きている痴漢や万引きの犯人を捕まえるのと一緒です。逮捕してから双方が暴力団と分かったのですが、当然、両者ともに被害届は出しませんでした。死に至るような怪我じゃなければ、暴力団は被害届を出さないでしょう。

二つ目は、被害届がなく逮捕状を請求して暴力団幹部らを逮捕した事件です。暴力団の幹部が都内のマンションの一室に住んでいたのですが、その部屋の契約上の借主は飲食店経営者でした。その経営者が暴力団幹部のために不動産会社からマンションを借り、暴力団幹部に使わせていたのです。もちろん、月々の賃料はその飲食店経営者が払っていました。

捜査したところ、その経営者は、不動産会社との賃貸契約書に貸す条件として「契約者本人が住むこと。暴力団関係者等を入居させない」と記載されていることを知りながら、「自分が住む」と偽って契約していたことが分かったのです。

不動産会社を騙して契約したので当然詐欺事件となり、その経営者と暴力団幹部は共犯者となります。

マンションのオーナーは、都内に住む女性でした。この女性も被害者ということになるので、契約書類を直接交わした不動産会社から被害届を提出してもらい、逮捕状を請求しようとしました。

そのため、不動産会社に行って事情を説明し、被害届の提出を求めたのです。その不動産会社は大手の会社であり、幸い警察官ＯＢがいたのです。そのＯＢも事情を知ると、「会社の役員に被害届を出すように進言する」と言ってくれたのです。

しかしその後、役員に会って事情を説明した上で被害届の提出を求めたら「被害届は出せない」と断られてしまいました。

何度も説得しましたが、頑として「被害届は出せない」とのことでした。

会社とすれば、被害届を出せば後で暴力団から仕返しされるかもしれない、マスコミにでも知られたら会社の信用が失墜するとでも思ったのかもしれません。

期待外れでした。しかし、マンションオーナーの女性はとても恐怖を感じているようでした。このまま、自分のマンションに暴力団幹部が住み続けていたらどうしよう、そのうち暴力団幹部と接触することになるかもしれないと恐怖を感じていたのです。

そして、この女性も被害届を出すことをためらいました。当然のことだと思います。

それは、不動産会社が感じている不安とは違って、身に迫るような恐怖だったと思います。

しかし、被害者である女性のためにも、そのままにしておくことはできず、被害届なしで逮捕状を請求することにしました。

それで、女性からの事情聴取に当たった刑事に「暴力団が自分の貸しているマンションに住んでいることでの恐怖感と、その恐怖のため被害届が出せないことについて」その心情をありのままに供述調書にするよう指導しました。

そして、その供述調書を持参して検事に報告した結果、この供述調書なら被害届がなくても逮捕できるとの助言を受けたのです。

その後、裁判官からは何ら質問されることもなく逮捕状が発付され、暴力団幹部と飲食店経営者を逮捕することができたのです。

公訴の提起までには至りませんでしたが、暴力団幹部はマンションを出ていきました。

このように、被害届がなくとも暴力団を逮捕できることがあるので、人知れず暴力団のことで悩んでいる方がいたら、勇気を出して警察へ相談してみてはいかがでしょうか？

なお、この件を通して、被害届が出せないで困っている事件に対しても警察として積極的に取り組んでいかなければならないと痛感しました。

③悪代官、逮捕される

この話、聞いた人は笑えますが、逮捕された本人は笑えない話であります。

あるマンションに住んでいた暴力団幹部が、道路を隔てた解体現場の工事の音がうるさいと因縁をつけたのです。

「工事の音がうるさくて眠れない。俺は、夜寝るのが遅いから午前中は寝ているんだ。

それに工事の埃が洗濯物に付いてしまって干せないじゃないか。どうしてくれるんだ。責任者に説明に来させろ」と、工事現場の作業員に対して因縁をつける電話を入れてきたのです。

作業員は、驚いて請負会社に連絡しました。すぐに会社側も暴力団に電話を入れたのですが、あいにく留守でした。

すると後日、暴力団から会社に電話が入りました。「なぜ、連絡をくれないんだ。俺は、工事現場の音で寝れないんだよ。説明に来いよ」と言ってきたのです。

それで、会社の役員は「どんな相手か分からない、どうすればいいんだ」と悩んだ末、地元警察署の組織犯罪対策課へ相談に行きました。

その結果、相手は「暴力団〇組Ｓ任侠会幹部Ａ」と分かりました。警察からは「相手の出方をみましょう。工事をすれば工事の音が出るのは当たり前だし、多少の埃も出るでしょう。しかし、それは普通の生活をする上では許容範囲と思われます。ただ、相手が説明に来てくれと言っているのだから、行かないわけにはいかないでしょう」と指導されて説明に行くことにしました。

さらに警察から「相手は暴力団なので、複数の人数で行くこと。その際、各人の役割分担を決めておくこと。部屋には入らず、玄関で対応すること」などの指導を受けました。説明する人、部屋の状況を確認する人、相手の言動を記憶する人などをあらかじめ決めてから行くように指導されたのです。

Aと約束した日の午前中、会社の人たちが四人でAのマンションを訪ねました。するとAが玄関で出迎え、「中へ入れよ」と言いました。会社側は「ここでお話を伺います」と言ったが、Aは執拗に「いいから、中に入れよ」と言ってきました。

それで、仕方なく部屋に入ったのです。Aは四人を部屋の奥の居間に案内しました。居間の中ほどにテーブルが置いてあり、そこに座るように言われたのです。Aに言われたとおりテーブル席に座ったところ、四人で来たことを知ったAは「おお、大勢で来たじゃないか」と言いました。

これほどの人数で来るとは思っていなかったようでした。

居間には大型の液晶テレビが置いてあり、時代劇をやっていましたが、Aはテレビの電源を切りました。壁にはカレンダーがかけられており、そのカレンダーにはO組の暴力団組織名が入っていました。

また、テーブルの上には○組名の入った大きな灰皿が置かれていました。それだけでも暴力団の部屋に来たんだなという思いでしたが、さらに、Ａの左手小指は欠損しており、着ていたシャツから襟元の入れ墨が丸見えでした。

一般の人が恐怖を感じる要素は十分でした。

そこでＡが話を切り出しました。「工事現場の音がうるさくて寝れないんだよ。俺は夜遅いから、午前中は寝てるんだよ。それに、工事の埃がひどくて洗濯物も干せやしねえ。困ってんだよ、どうしてくれるんだよ」と、強く言ってきました。

それに対して、会社側の説明者は「申し訳ありません。全く音を出さないというわけにはいきませんが、これからは配慮致します。それから、埃にも注意を払います。このたびは、本当にご迷惑をおかけしました」と丁寧に謝りました。そして「これは、お詫びの印です」と言って持参した菓子折をテーブルに差し出しました。

すると、その菓子折を見たＡが「なんだ、小判じゃねえのか？」と言ったのです。冗談のつもりで言ったのかもしれませんが、この場面で口にするような言葉ではありません。

この「なんだ、小判じゃねえのか？」の一言が、Ａが恐喝未遂で逮捕される引き金となってしまったのです。その場にいた会社の人たちは、Ａが因縁をつけてきたのはやはり金（小判）目当てだったんだと思ったのです。

その後、会社側の人たちは、Ａの部屋を出た後そのまま警察へ行き、Ａとのやり取りなどについて説明しました。

その結果、後日、Ａは恐喝未遂で逮捕されたのです。

Ａは、取調べにおいて担当刑事から「どうして、小判じゃねえのかなどと言ったんだよ」と聞かれ、「会社の者たちが来る前に見ていた時代劇で悪代官が『なんだ、小判じゃねえのか？』と言っていたのが頭から離れず、つい自分も言ってしまったんだけど、あんなこと言わなきゃよかった」と後悔しきりでした。

その後、ほどなくＡは釈放されたのですが、この話にはオチがありました。

というのは、この事件のことをスポーツ新聞が大きく取り上げ「悪代官捕まる…」というような記事になり、世間に知られるところとなったことから、Ａは仲間内から「よお、悪代官」などとからかわれたとのことでした。

笑えるような話ではありますが、暴力団に対応する時の教訓にもなる事件でした。

このように暴力団と接触するような必要がある場合は、「複数の人数で行くこと」「役割分担を決めておくこと」「録音テープの使用も考えること」に注意して下さい。

なお、全国の暴力追放運動推進センターから、暴力団の不当要求や悪質クレーマー対策として「具体的対応要領」が掲載された小冊子が出ているので、参考になると思います。問い合わせてみて下さい。

第5章
暴排私考

①警察と暴力団

平成一九年、政府から「企業が反社会的勢力による被害を防止するための指針」が公表されてから、金融機関、証券会社、保険会社、建設会社などが次々と積極的に暴力団排除活動に取り組むようになりました。暴排活動は地域、職域へとさらに広がっていき、現在では社会全体に暴排気運が高まっています。

また、警察の継続的な取締りや「暴力団対策法」「暴力団排除条例」の施行等の影響で、暴力団の勢力は減少する傾向にあります。

特に、みかじめ料など金銭面での取締りは、ボディーブローのようにじわじわ効いてきていると思います。それは、暴力団による犯罪の内容にも表れています。

暴力団は、資金源を断たれたことで生活が苦しくなり、ひったくりや自動車盗、空き巣など、過去には考えられなかった窃盗事件を起こしているのです。万引きに至っては、それだけ生活が苦しいという証拠でしょう。

一昔前なら、暴力団は痩せても枯れても窃盗だけはやらないという矜恃を持っていたものです。

留置場に入っても、窃盗犯などからは一目置かれる存在でした。今はそれだけ行き詰まっているのでしょう。今後も、金のためならどんな犯罪にも手を出すようになると思われます。

特に末端の組員などが、そのような犯罪に走るかもしれません。定期収入のある組員や上納金が入る上層幹部は、まだまだ安泰かもしれませんが。

しかし、暴力団社会も問題を抱えているように思います。それは、高齢化と若い組員の不足です。ソリドール浅草にやってきた暴力団について言うと、私が見た限り五〇代以上が多く、二〇代、三〇代はあまり見かけませんでした。

運転手兼ボディーガードとして五、六人見かけた程度でした。中には、アルバイトで運転手を頼まれていた者もいました。ですから、これから暴力団組織は警察の取締りと対峙しながら、組織内部に抱える問題の解決を図っていくことになるでしょう。

昔の暴力団のように組員に生業を持たせたり、組織にふさわしくない者は切り捨てるなどしてスリム化を図るかもしれません。

暴力団員として食べていけない者は脱会するようになるでしょうし、若者も好き好んで暴力団にはならないと思います。ただし、偽装離脱されると警察としても困るところです。

一説には、今後も警察が取締りを強化すると、暴力団が地下に潜ってマフィア化するなどといった話を聞きます。確かに一部の者が偽装離脱することはあるかもしれませんが、暴力団組織自体がマフィア化することはないでしょう。

暴力団は、社会の中にいて組織の威力を誇示することで成り立っているという面もあるからです。地下に潜ってしまったら、威力を誇示することは難しいと思います。引き続き、警察は取締りを強化していくでしょうし、暴力団員はさらに減少していくでしょう。

ただ懸念するのは、脱会した者たちの行く先です。脱会した者たちも生活しなければならないし、金を稼がなければならないのです。脱会してもまた、犯罪で金を稼ぐのであれば、暴力団犯罪が減ったとしても他の犯罪が増えることになり、そのことで市民生活が脅かされてしまいます。

②暴排意識の社会への浸透

警察は、これからも暴力団の壊滅に向けて、さらに取締りを強化し暴排活動を社会全体に浸透させていくでしょう。

それには私も同感ですが、暴排意識が社会に浸透しているかということに関しては、まだまだのような気がします。

なぜ、そう思うのか。かつて私が浅草警察署に勤務していた頃、ある職域の暴排協議会で暴力団排除について講話をした際「暴力団に脅かされて毎月お金を取られている方がおられましたら、後日でもいいですから連絡下さい。必ず止めさせますから」とお願いしたことが数回ありました。すると後日「暴力団に毎月金を取られて困っています」と申告してきた勇気ある被害者がおり、みかじめ料を取っていたその暴力団を逮捕して解決してあげたことがありました。

その時の被害者が「暴力団に金を取られている者は、他にも大勢いますよ」と言っていたのです。

しかし、その他の大勢の方が警察に被害を申告してくることはありませんでした。警察に申告すれば、暴力団に仕返しされるという思いが強いからだと思います。それだけ、暴力団が社会の弱い部分に食い込んでいるのです。

これ以外にも私が関わってきた暴力団の中には、飲食店経営者から毎月金を受け取っていた者、企業のトラブルを解決した見返りに金を受け取っていた者、企業の弱みに付け込んで金を受け取っていた者などがいました。

このように、暴力団は社会の様々なところに深く食い込んでいるのです。

ですから、暴排条例が施行されて「暴力団に金を与えると利益供与になりますよ。金を与えている事業者は申告して下さい」と言っても、昔から暴力団に食い込まれている人などは、なかなか申告できないのかもしれません。

暴力団関係者からの仕返しも怖いし、申告して世間に知られれば企業の信用が失墜し、そちらの被害のほうが大きくなるという思いもあるでしょう。

現在は、社会を挙げて暴排気運が高まっており、地域、職域において暴力団排除連絡協議会等が次々に立ち上げられています。

企業は暴力団排除が仕事ではないということは十分理解できますが、暴排協議会等で得た情報を持ち帰っても暴排対策に活用し切れていないのではないでしょうか。

そんなことから、本当の意味で暴排意識が社会に浸透するには、まだまだ時間がかかるような気がします。

③離脱者の就労支援

暴排意識をさらに社会に浸透させていくこと以上に、今後暴排活動の一環として推し進めていかなければならないのが、暴力団離脱者に対する就労支援だと思います。

先ほどもお話ししましたが、暴力団になったものの後悔して脱会する者もいます。その中には自分を受け入れてくれる就労先さえあれば、もう一度社会で働きたいと思う者もいるはずです。それに対して社会がどれだけ支援できるかが、これからの課題だと思います。

余談になりますが、私の知り合いに浅草で料理店を経営している女将がいます。まさしく「下町の女将さん」という感じで、明るく気っぷの良い方です。

特に、この女将の凄いところは、近隣の暴力団にも慕われており、警察とも良好な関係を保っているところです。暴力団に慕われていることが分かる一例を挙げると、彼女が病気で入院した時、親分以下配下の者が見舞いに駆けつけたことがあるそうです。

彼女は、病院の手前もあり、親分に「大勢で来ないでほしい」と注意したそうです。なぜ、暴力団に慕われているのかというと、組に入った若衆が食べるのに困っていた時などに自分の息子のように食事をさせたりして面倒を見てあげたのだそうです。

困っている者には、暴力団だろうと誰だろうと分け隔てなく面倒を見たことが慕われている理由なのでしょう。

だから、若衆の時に彼女に助けられた者は、親分や幹部になっても慕ってくるのです。

また、この女将は、暴力団にはなったものの組を抜けて堅気になりたいという若い組員を兄貴分らに話をつけて堅気にさせ、仕事先まで紹介しているのです。

そして、今では彼女が仕事を紹介した何人もの元組員が、立派な職人になっているとのことです。

この女将のような活動が、まさしく社会に求められていることだと思います。暴力団を離脱して堅気になり働きたい者がいれば、積極的に就労支援するのは社会の役目だと思います。

確かに、離脱した者が普通の社会生活に戻るには、厳しい覚悟が必要になります。しかし、真剣に更生を望む者がいれば、チャンスを与え支援すべきであろうと思います。時間はかかると思いますが、暴力団脱会者が一人でも二人でも更生の道を歩めば、必ず暴力団の弱体化に繋がるでしょう。

その意味で近年、福岡県が全国に先駆けて「元組員を雇用した企業には奨励金を交付する」という制度を設け、離脱者を就労支援していることは賞賛に値すると思います。また、福岡県警察に全国初の「社会復帰対策係」が設置されたと聞き、福岡県警察の暴力団弱体化に対する意気込みを感じます。さらに全国の警察に広がればと期待しています。

このように近年、警察庁、警察、そして全国の暴力追放運動推進センターなどが暴力団離脱者の就労支援に力を入れていることは、必ず暴力団を弱体化させることに繋がっていくでしょう。

おわりに

以上、ホテルから暴力団を排除するには、どのような対策を取ればいいのかなどについてお話ししてきました。実例は、全て実体験に基づいたものです。誰でも暴力団と話すことは苦手だと思いますし、私も得意ではありません。ですから、皆さんも読んでお分かりになったと思いますが、暴力団に対する私の対応が強い時もあれば、弱い対応になった時もありました。

それでも彼らに対して声かけを続けていたら、ホテルに全く来なくなったのです。そこで、私の体験がホテルや暴力団で困っている人の暴排対策に少しでも役に立つことがあればと思い、この本を上梓することにしたのです。

ところで、冒頭において、暴排対策についてはホテルによって温度差があると書きました。本書をほぼ書き終えた頃に、どのくらいの数のホテルが入口に「暴力団関係者のご利用は、お断りします」と書かれた看板や表示をしているのかと思い、都内にあるホテルを歩いてみました。

品川、新橋、東京、新宿、池袋と、駅前周辺の大きなホテル二〇カ所を見て歩きましたが、ホテル入口に暴排看板等を出しているホテルは多くありませんでした。

まだまだ対策の取られていないホテルが数多くあります。

そして、入口に暴排看板等を設置しているホテルについて調べてみると、一部は、過去にホテル内で暴力団同士のもめ事があったり、いつもラウンジを暴力団員に占領されていたというような苦い経験があるホテルでした。

暴力団を排除しなければお客様の安心安全は守れないと思って、積極的な暴排対策を講じたのだと思います。

また、一部のホテルは、コンプライアンスとして「暴力団排除」を宣言し、そのとおりにお客様の安心安全を守るため暴力団関係者の利用を禁止しているホテルでした。

こういうホテルであれば、お客様も安心して宿泊できるだろうなあと思います。

それではなぜ、暴排看板等を設置しているホテルが少ないのでしょうか。

それは出入口に暴排看板等を出すと、かえってお客様から「このホテルは、暴力団関係者が来ているのだろうか」と思われたり、「ホテルの印象が悪くなる」という気持ちがあるからなのかもしれません。

あるいは、「ホテルに暴力団関係者が来たって、どうやって暴力団関係者と判断すればいいのか。難しいのではないか」「それに今まで暴力団関係者が来ても、他のお客様にほとんど迷惑をかけたことはない」などとの思いから、暴排対策を講じないのかもしれません。

しかし、それでは、お客様の安心安全を守れない場合があります。

ホテルで暴力団による殺傷事件などが発生し、お客様が巻き込まれてしまってから対策を取っても遅いのです。また、そんなことが起きれば、ホテルにとっても致命傷となってしまいます。

お客様側からすれば、入口に暴排看板や暴排表示が設置してあるホテルのほうが安心して利用できるでしょう。

従業員が暴力団関係者や不審な人に声かけしているのを見れば、お客様も安心します。

偶然、この本を手に取ったあなたはどのように思いますか？

ご家族で旅行をしたり修学旅行でホテルを利用する場合に、どのようなホテルを選びますか?

二〇二〇年には、東京オリンピック・パラリンピックが開催される予定もあり、観戦や観光目的で大勢の外国人の方が都内のホテルを中心に宿泊することでしょう。その時ホテルも「外国人のおもてなし」でオリンピック・パラリンピックの成功に一役買うことになるはずです。

普段であれば、こういう国家的催しがある場合、暴力団は抗争事件を控えますが、現在の暴力団の情勢からすると、何があってもおかしくない状況です。

六代目山口組は、分裂した神戸山口組と抗争状態にあり、その神戸山口組は、内部分裂した任侠山口組と抗争状態にあるのです。そして、互いに組織の切り崩しを行っています。現状は、元の鞘《さや》に収まることは無理のようです。そんな中、二〇一九年の秋には、六代目山口組ナンバー2の若頭が復帰してきます。そうなると一気に状勢が緊迫する可能性があります。

もし対立抗争へと発展すれば、どこであっても相手を狙うのが暴力団ですから、そんな時にホテル内で暴力団関係者に事件を起こされたりしたら、大変なことになってしまいます。

まして、お客様が怪我でもしたら取り返しがつきません。外国人のお客様の場合は、国際問題に発展するかもしれません。

万一のことが起きてからでは遅いのです。早めに暴排対策を取って、お客様の安心安全を守ってほしいと思います。

なお、この本を上梓することができたのは、私がソリドール浅草に勤務していたことがあったからです。

このホテルは、過去の苦い経験から暴力団排除対策に積極的に取り組んでいました。全ての入口には、「当ホテルでは、暴力団関係者のご利用を固くお断りしています」と書かれた暴排看板を設置しています。

それでも暴力団関係者がやってきていたのは、浅草という土地柄のせいもあるのです。昔から浅草は暴力団が数多く活動しており、今でも暴力団事務所が三〇カ所近くある場所なのです。

そんな中でソリドール浅草から暴力団関係者を排除することができたのは、従業員や警備員が「暴力団排除」に対して高い意識を持ち、排除に向けて皆が一丸となって対応してきたからだと思います。

安心安全を求めるお客様には、自信を持っておすすめできるホテルです。

最後になりましたが、私の暴力団排除に対する気持ちを汲み取って上司に決裁を仰いで下さった総務課の渡辺支配人や、それを即決して下さった当時の浅川総支配人など、ホテル経営陣の方々に心より感謝致します。

さらに、ソリドール浅草の暴排活動にご理解いただき、多方面にわたり暴力団排除の後押しをして下さった浅草警察署組織犯罪対策課の鈴木課長、吉岡課長代理、課員の皆様にも深く感謝致します。

また、本書を手に取って読んで下さった読者の皆様に心より感謝しております。

この本が、少しでも皆様のお役に立てれば幸いです。

付録

私が暴力団担当刑事になってから間もない頃に経験した事件を一つお話しします。その前に、私が暴力団担当刑事になったいきさつについて簡単に説明しておきたいと思います。暴力団担当刑事は、憧れではありましたが好きでなったわけではないのです。

私は、昭和五二年二月に蔵前警察署に着任しました。蔵前警察署は、浅草警察署や上野警察署に隣接する下町の警察署です。当時は、警察署の近くに国技館がありました。着任後は、制服のおまわりさんとして交番勤務を経験しました。

その後、縁があり、刑事になるための捜査専科講習を終えてから留置場勤務となったのです。留置場の仕事は、様々な犯罪者の世話と監視役です。

また、留置場は、様々な犯罪者と接することで刑事として犯罪者を見る目を養う場所と言われており、当時刑事になるためには留置場勤務で経験を積む必要があったのです。言わば、刑事になるための登竜門でした。私は留置場で約三年間勤務した後、刑事になったのです。

その頃、捜査の基本を学ぶには、まず盗犯捜査からと言われており、新米の刑事は皆、泥棒犯罪などを担当する盗犯担当刑事になるのが普通でした。私も刑事になれると思った時は、盗犯担当の刑事になるものだと思っていました。

しかし、思惑は外れてしまいました。署長から命じられたのは、暴力犯捜査係でした。「暴力犯捜査担当を命じる」と言われ、私は「はい」と返事をしましたが、心臓がドキドキするような思いでした。

暴力団相手の仕事が自分にできるんだろうかという気持ちと、やるしかないという気持ちが交錯していました。当時、暴力犯捜査担当は、係長（警部補）を筆頭に、部長刑事（巡査部長）が二人、刑事が二人の計五人でした。

暴力犯捜査係に入ってまもなくしてから部長刑事の一人に聞きました。「なんで私は、最初から暴力団担当刑事になったんですかね」と。すると、その部長は笑いながら答えました。「顔だよ、顔。顔で選ばれたんだよ」と。私も「ハハハ」と笑い返すしかありませんでした。暴力団担当向きの顔？　俺はそんなに怖い顔しているのかと思いながらも、それに納得したわけではありませんでしたが、そんなふうにして暴力団担当刑事になったのでした。

【暴力団幹部による猟銃乱射事件】

事件は、私が暴力団担当になってから一年くらいしてから起きました。

当時、私は警察署に隣接していた独身寮に住んでいました。その日の仕事が終わり、夕食を済ませて部屋でくつろいでいた時でした。

蔵前警察署から寮直室に電話がかかってきました。そして、電話を受けた寮当番から「本署宿直の係長が『着替えて至急リモコン室まで来てくれ』と言っています」との連絡を受けたのです。私は何か事件があったなと嫌な予感がしましたが、急いで本署へ向かったのです。

本署二階にあるリモコン室に行くと、宿直員全員がリモコン指揮台の周りに集まっており、警視庁本部の通信指令室と浅草警察署との通信内容や指令室から蔵前警察署に対する指示内容に耳を傾けていました。内容は分かりませんでしたが緊迫した状況が伝わってきました。

私がリモコン席に行くと、宿直の捜査係長が「浅草署管内にある山崎組事務所で事務所を目がけて猟銃を持った男が発砲している。男は、当署管内にある飯坂会の実子（親分の子供）らしい。その飯坂が『蔵前署の暴力団担当の刑事を呼んでこい』と言っているそうだ。浅草署から通信指令室を通じて応援要請が来ている。加藤部長と一緒に事件現場に行ってくれないか」と言ってきました。

運悪く、その日は、暴力団担当が誰も宿直にいませんでした。それで、寮にいた私が呼ばれたのでした。私は一言、「分かりました」と答えました。浅草警察署長から蔵前警察署長へ応援要請が来ているのです。引くに引けません。行くしかないのです。

そんな話をしている間にも、浅草警察署から通信指令室に「また、事務所に向けて数発発砲しました」などと緊迫している現場の状況を伝える情報が入ってきました。

私は覚悟を決めて、行く準備を整えました。とは言っても、当時は防弾チョッキと鍋を逆さまにしたようなヘルメットを着けただけで、それに、けん銃と警棒を所持した状態でした。

私は行く準備をして、三階から降りてくる加藤部長を待っていました。その間も通信指令室からは「蔵前署から暴力団担当の刑事は現場に向かっているのか」と聞いてきていました。

私は、大変な現場に行くことになってしまったなあと思ったりしていると、少し遅れて加藤部長も準備をしてきました。その後、先輩刑事に捜査車両で現場近くまで送ってもらいました。

捜査車両の中でも、現場の緊迫した状況が車載無線機を通じて流れていました。私と加藤部長は発砲現場の近くで車から降り、浅草署の捜査員や機動隊員が警戒している現場へ向かいました。

現場は浅草一丁目で、南北に走る「公会堂通り」から、同じく南北に走る横川通りに通じている幅員約八メートルの柳通り上でした。その柳通りに沿って建っている山崎組事務所を目がけて飯坂が散弾銃で発砲していたのでした。

私が柳通りの交差点に着くと、交差点を起点として北側に浅草署の捜査員が、南側に盾を持った機動隊らが張り付き、警戒監視に当たっていました。

私は、北側の前線にいた浅草署の捜査係長と接触しました。私が「蔵前署の暴力団担当の根本です」と言うと、係長は「おお、来てくれたか。今日の昼頃、浅草の祭りで飯坂が屋台を出していたら、山崎組の者たちに因縁をつけられて屋台を壊された上に暴行を受けたらしい。その仕返しとして、飯坂が散弾銃を持ってきて山崎組事務所に撃ち込んでいる」と事件の概略を説明してくれました。係長から「すぐ近くに署長がいるので、取りあえず署長のところまで行ってきてくれ」と頼まれ、浅草署の捜査員に案内されて署長のいるところへ向かいました。

署長は少し離れた場所にある大型バスの中にいました。私は案内されるままバスに乗り込み、奥のほうで指揮に当たっていた署長に挨拶をしました。

私が「蔵前署の暴力団担当の根本です」と言うと、署長は「蔵前の暴力団担当は、飯坂に恨まれるようなことはないか」と聞いてきました。私は以前、飯坂を蔵前署で逮捕した時のことなどを思い出し「恨まれるようなことはありません」と答えました。

署長は、飯坂が蔵前の暴力団担当に恨みを持っていて現場に呼んだのではないかと心配したのでしょう。

すると署長は「それじゃ、飯坂に発砲するのを止めるよう説得してくれないか」と頼んできました。私は「分かりました」と答えて現場に戻りました。それにしても署長はずいぶん離れたところで指揮していると思っていました。

柳通りの交差点に戻ると、浅草署の捜査係長から「大丈夫か。説得してくれるか」と頼まれました。ここまできたら引くに引けない状況でした。蔵前署暴力団担当の意地もありました。私は「やってみます」と答え、飯坂の説得に当たったのです。

交差点から飯坂のところまでは、約四〇メートルありました。離れていたので、少し近づこうとしました。すると、後ろにいた浅草署の捜査員から「飯坂を刺激するといけないから、けん銃と警棒を着けないほうがいい」と言われ、けん銃と警棒を持たずに進みました。丸腰の状態です。

けん銃を使うつもりはなかったのですが、ないと不安でもありました。約一五メートル進んだところで、その場所から説得を始めました。足が震えているのが分かりました。なんでここに来てしまったのかなどと、いろいろな思いが脳裏をよぎりました。私は、飯坂に対して大声で「蔵前署の暴力団担当の根本だ」と呼びかけました。

すると暗闇の中、事務所前にいた飯坂が「蔵前の刑事なのか。それじゃこっちへ来いよ」と返してきました。こっちへ来いと言われてもこっちは丸腰、相手は散弾銃を持って

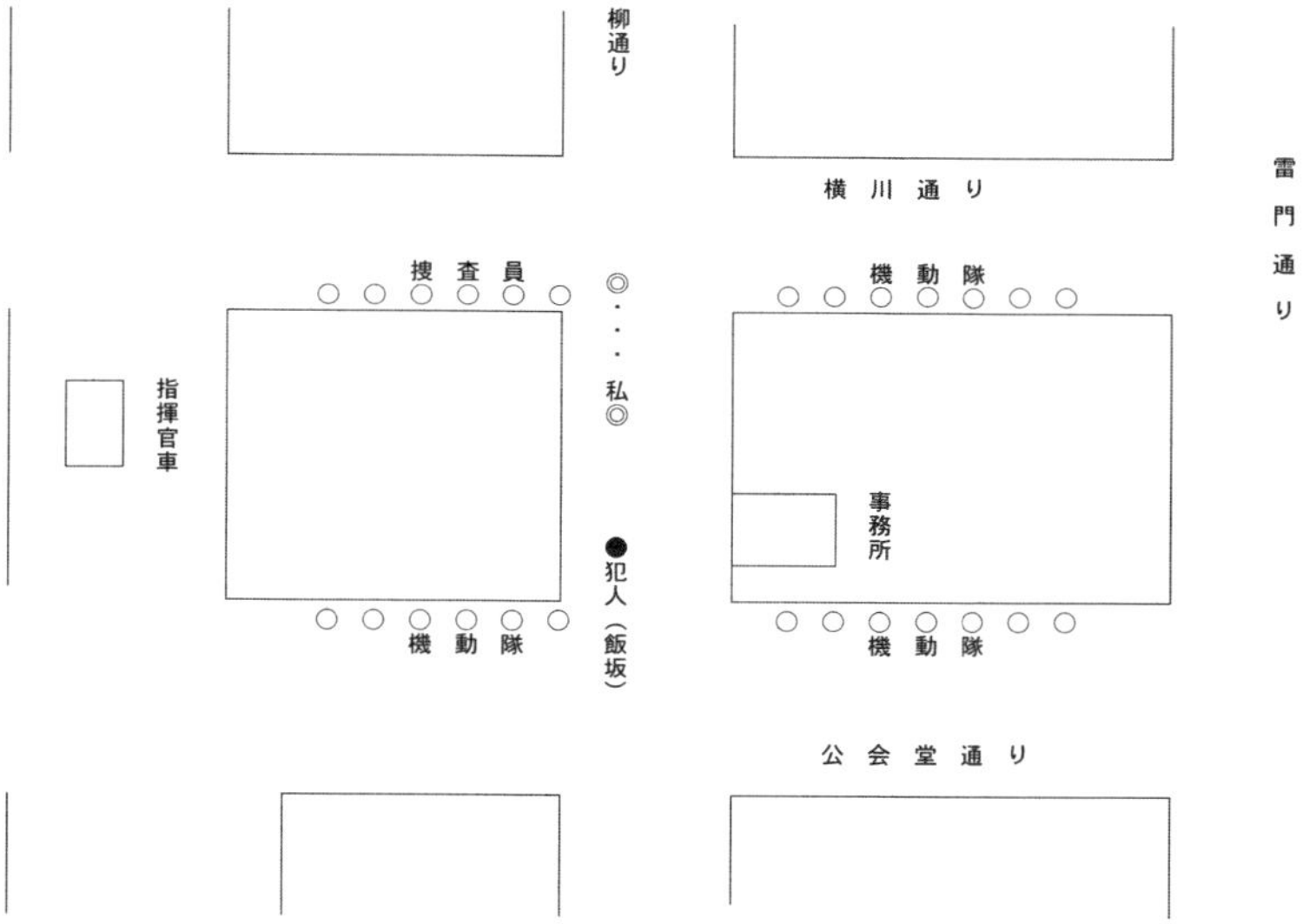

いるので行けるわけがありません。

それで、その場所から飯坂に対して「やるだけやったじゃないか。もうやめたらどうだ」と説得しました。既に、飯坂は散弾銃を十発以上事務所に向かって撃ち込んでいたのです。「やるだけやったんだからいいじゃないか。もうやめろよ」と再度説得を続けました。

すると、飯坂が「来ないなら、こっちから行くよ」と言い、暗闇の中、散弾銃を手に持ってふらふらと我々が張り付いていた交差点に向かって歩いてきたのです。

飯坂が近づいてくると、交差点に張り付いていた捜査員も機動隊員も踵を返して交差点から離れていきました。

私も捜査員が走って退く背中を見ながら、最後に交差点を離れました。

飯坂はふらふらしながら、交差点までやってきました。しかし、散弾銃を持っているので誰も近づけません。

飯坂は交差点に少し佇んでから、また事務所のほうへ歩いていきました。すると、退いていた捜査員や機動隊員もまた戻ってきて、交差点の角に張り付いたのです。飯坂は、同じような行動を二度繰り返しました。そのたびに、捜査員や機動隊員も走って退いたり、戻ってきたりを繰り返したのです。

その間に、飯坂は事務所に向けて散弾銃を数発発砲しました。「パーン、パーン」と乾いたような音が暗闇の中に響き渡りました。

私は再び一五メートルほど進んで、飯坂の説得を続けました。

飯坂はまた「こっちへ来いよ」と言ってきました。私は「散弾銃から手を離せよ。そうしないと行けないよ」「もうやるだけやったじゃないか。終わりにしろよ」と繰り返し説得しました。

その時、後ろに待機していた捜査員の一人が、私の足元にタバコを一箱投げてきたのです。そして「そのタバコを持っていって吸わせてやってくれ」と言いました。私は「ふざけたこと言ってんじゃないよ」「自分が持って行けよ」と思い、無視しました。

そのうち、警視庁通信指令室からの無線で蔵前警察署長から「根本刑事は一旦犯人の説得をやめ、現場に急行している蔵前署の暴力団担当の片岡部長と協力して対処するように」との指令が入ったのです。「もっと早く言ってよ」と思いながら、私は飯坂の説得をやめて交差点まで下がったのです。

それからまもなくして、飯坂が再びふらふらと歩いて我々のいる交差点まで来たのです。先ほどと同じように捜査員も機動隊員も皆、後ろに退きました。

私も皆の後から交差点を離れました。

すると飯坂は、交差点の中ほどまで来ると、「もういいよ。やめたよ」と言って散弾銃を路上に置いたのです。

すると、それを見た捜査員や機動隊員が飯坂を捕まえようと駆け寄ってきました。そこで私は、捜査員らに「刺激するから近づくな」と大声で言い、機動隊員らが近づくのを制止しました。そして、自分が飯坂のところへ行き、飯坂を確保したのです。その時、浅草署の暴力団担当の部長と加藤部長も駆け付けてきました。その後、飯坂を捜査車両に乗せ、浅草警察署まで同行したのです。

その車両の中で飯坂は、山崎組の者たちに屋台を壊されたり殴られたりして悔しかったのでその仕返しに散弾銃を事務所に打ち込んだことを認めたのです。そして彼は「蔵前の暴力団担当を呼んだのは、どうせ逮捕されるなら以前世話になった蔵前の刑事に逮捕されたかった」と言ったのです。

私はそれを聞いてうれしくなり、涙を流している飯坂の背中をさすってやりました。当時は、暴力団にも人情が通じる時代だったのです。

浅草警察署に着いてから、飯坂の取調べは浅草署の暴力団担当部長が行い、私はその補佐に就きました。そして、私が飯坂の犯罪歴について警視庁通信指令室に照会したところ、電話を受けた担当者から開口一番「根本刑事、今日は大変ご苦労様でした。ありがとうございました。よかったですね」と弾んだ声でお礼を言われたことを、今でも覚えています。

通信指令室では、皆、固唾を呑んで浅草の現場の状況に耳を傾けていたようでした。私は、自分のやったことが喜ばれて素直にうれしく思いました。

ただ、事件の処理を終え、翌日蔵前署に帰った時、廊下ですれ違った保安課の先輩に「馬鹿だな。そんな現場に行って。散弾銃で撃たれたら助からないよ」と言われたのです。その時の状況を考えれば、現場に行かないというわけにはいきませんでしたが、散弾銃なので確かに一つ間違えば私は蜂の巣にされていたでしょう。今更ながら怖い現場を体験したものだと思っています。

＊本書をお読みになった方々を対象に暴力団対策のご相談に応じます。愛読者カードに「暴力団対策の相談希望」と明記の上、お送り下さい。順番にこちらからご連絡いたします。

根本　弘史（ねもと　こうじ）

1953年福島県生まれ。行政書士。

大学卒業後、警視庁に入庁。警察学校卒業後、蔵前警察署へ卒業配置となり、その後、蒲田警察署、王子警察署、組織犯罪対策第四課、浅草警察署等に勤務する。蔵前警察署において、署長から一番苦手な暴力団担当刑事を命じられる。それを契機にマル暴刑事の道を歩むことになり、約23年間、暴力団の取締りや対策の仕事に携わる。

組織犯罪対策第四課の時、指定暴力団S会系幹部がN大学病院集中治療室の窓ガラスをハンマーで打ち破り、ベッドで治療を受けていた仲間の幹部をけん銃で殺害するという前代未聞の事件に、発生から終結まで従事する。その他、山口組と一和会の抗争事件に絡んで発生した都内における発砲事件等、数々の事件に携わる。

警視庁退職後、都内のホテルに警備支配人として勤務し、主に暴力団排除活動に力を尽くす。また、暴力団追放運動推進都民センターから暴追モニターとして委嘱され、暴力団追放に貢献したとして名誉会長である都知事から3年連続で表彰される。本書が初の著書となる。

実録 暴力団お断り！ —断る勇気がホテルを守る—

2019年2月4日　第1刷発行

著　者　根本弘史
発行人　大杉　剛
発行所　株式会社 風詠社
〒553-0001　大阪市福島区海老江5-2-2
大拓ビル5 - 7階
TEL 06（6136）8657　http://fueisha.com/
発売元　株式会社 星雲社
〒112-0005　東京都文京区水道1-3-30
TEL 03（3868）3275
装幀　2DAY
印刷・製本　シナノ印刷株式会社

ISBN978-4-434-25563-2 C2063